Olav Schewe

Der Super-Student

Olav Schewe

DER SUPER STUDENT

UNSCHLAGBARE TIPPS EINES ÜBERFLIEGERS

Zeit sparen – effektiver lernen – bessere Noten

Aus dem Englischen von Regina Schneider

Anaconda

Lizenzausgabe mit freundlicher Genehmigung.
Titel der Originalausgabe: Superstudent. Lær mer effektivt, få bedre karakterer

This translation published by arrangement with Stilton Agency, Oslo, and Arrowsmith Agency, Hamburg.

Die Deutsche Nationalbibliothek verzeichnet diese Publikation in der Deutschen Nationalbibliografie; detaillierte bibliografische Daten sind im Internet unter http://dnb.d-nb.de abrufbar.

Umschlaggestaltung: Olaf Schumacher
Satz und Layout: Achim Münster, Overath
Printed in Czech Republic 2018
ISBN 978-3-7306-0578-3
www.anacondaverlag.de
info@anacondaverlag.de

VORWORT 8

Mit den richtigen Lerntechniken zum Erfolg 11
Wie wichtig sind gute Noten? 15
Zum Aufbau dieses Buches 17
Wie Sie dieses Buch bestmöglich nutzen 18

TEIL 1 EFFEKTIV LERNEN 19

Zeit und Planung 21
Zeitmanagement 22
Mit Ziel und Plan zum Lernerfolg 33

Lernen und Verstehen 39
Lernprozesse 40
Grundprinzipien des Lernens 43
Grundprinzipien des Verstehens 53

Allein Lernen und/oder mit anderen 59
... mit sich allein im stillen Kämmerlein 60
Lernen im Unterricht 66
Lernpartner/Lerngruppe 70

Lesetechniken 73
Lesen 74
Speed-Reading 80

Notizmanagement 87
Ganz klassisch – Notizen machen 88
Mind Maps 95
Markieren von Textstellen 98

Gedächtnistraining:
Mehr behalten mit Mnemotechniken **101**
Klassische Mnemotechniken 102
Visualisierung 106
Loci-Technik und Story-Technik 111

Teil 1 im Überblick 116

TEIL 2 **OPTIMALE LERNERFOLGE** **119**

Prüfungsvorbereitung **121**
So bestehen sie jede Klausur! 122
Praktische Vorbereitung 130

Schriftliche Prüfungen **135**
Schriftliche Prüfungen 136
Schriftliche Hausarbeiten 147

Mündliche Prüfungen **151**
Präsentationen und Referate 152
Mündliche Prüfung 157
Im Klassenraum 163

Nach der Prüfung **165**
Prüfungsergebnisse und Beschwerden 166

Teil 2 im Überblick 169

TEIL 3 **Die richtige Einstellung** **171**

Motivation und Einstellung **173**
Motivation ist das A und O! 174
Das Lernen lernen: Übernehmen Sie Eigenverantwortung für Ihre Leistungen 181

Mentaltechniken **185**
Zielsetzungen 186
Wo bleibt der Spaß? 191
Glauben Sie an sich selbst! 195
Denken Sie positiv! 198
So bewältigen Sie Nervosität und Stress 201
Selbstdisziplin 206
Gewohnheiten – Gewöhnen Sie sich an den Erfolg! 213

Teil 3 im Überblick 216

VIEL GLÜCK! 218

Referenzen 220

VORWORT

Ich bin kein großes Genie. Stellt man mir auf einer Party drei Gäste vor, habe ich den Namen des ersten vergessen, bevor ich dem dritten die Hand geschüttelt habe. In meinem ersten Jahr auf der Junior High hatte ich einen mittelmäßigen 3er-Durchschnitt. Ich bin wohl das, was manche den »kinästhetischen Lerntyp« (oder auch »haptischen Lerntyp«) nennen – will heißen, ich lerne am leichtesten, wenn ich meine Hände benutzen kann, wenn ich im wahrsten Sinne des Wortes »be-greifen« kann. Meine Lernerfolge am Klavier jedenfalls sprächen dafür. Auch nach acht Jahren schaffte ich es nicht, Noten schnell genug zu lesen, um einfache Melodien flüssig spielen zu können, wie es eigentlich üblich wäre. Doch wenn ich ein Stück nur lange genug übte, konnte ich es komplett auswendig spielen. Es machte mir Spaß. Es war, als säßen mir Melodie und Lerngedächtnis in den Fingern. Doch dem haptischen Lerntyp anzugehören, ist keine besonders gute Ausgangsbasis, um aus Lehrbüchern zu lernen. In meiner Jugend hätte mich wohl niemand als späteres Wissenschaftsgenie, als Rhodes-Stipendiat oder als Bestsellerautor gesehen. Es schien, als hätte ich nicht die Fähigkeiten, die es für einen Elitestudenten braucht.

Das änderte sich auf der Junior High. Ich kam in eine andere Klasse und sah mich plötzlich von überaus erfolgreichen Klassenkameraden umgeben. Doch ihre guten Noten waren nicht das einzige, was sie unterschied: Sie zeigten ein vollkommen anderes Lernverhalten, gingen vollkommen anders an Schularbeiten und Tests heran, als würden sie ein Geheimnis kennen, das den anderen von uns verborgen blieb. Ich fragte mich, was wohl passieren würde, wenn ich verstärkt darauf achtete, *wie* sie lernten. Könnte ich mir von ihrem Lernansatz etwas abschauen? Könnte ich mit ihnen mithalten und meine Noten langsam verbessern, ein 2er- oder sogar 1er-Schüler werden?

Ich begann, mich gezielt damit zu befassen, *wie* ich meine Noten verbessern könnte. *Wie* man effektiver lernen und bessere Ergebnisse erreichen kann, ist für mich bis heute eine spannende Frage.

Ich veränderte also mein Lernverhalten, und meine Leistungen auf der Junior High besserten sich rasch, sodass ich bald schon ein 2er-Schüler war. Auf der Senior High School ging es dann zunächst leicht bergab. Die Fächer waren schwieriger, die Noten wurden anders gewichtet, sodass sich mein Notendurchschnitt im ersten Jahr verschlechterte. Am Ende aber absolvierte ich die High School mit Bravour und wurde auf der Abschlussfeier als Jahrgangsbester gefeiert.

Nachdem ich mein Bachelordiplom der Norwegian School of Economics in der Tasche hatte, beschloss ich, mein Glück zu versuchen und mich an den weltbesten Universitäten zu bewerben. Ich nahm am GMAT teil, dem Graduate Management Admission Test, einem weltweit standardisierten Test zur Eignungsfeststellung für wirtschaftswissenschaftliche Masterprogramme. Jeder, der am GMAT teilnimmt, wird im Vergleich mit jedem anderen Testteilnehmer der vergangenen fünf Jahre bewertet – mit über einer Million Menschen. Dank meiner Lernmethoden schaffte ich es unter die besten 6 Prozent, was mir Studienplatzangebote der University of Oxford, der Ivy League University of Pennsylvania und der Wharton School eintrug. Überdies bekam ich Stipendienangebote in Höhe von insgesamt 50 000 US-Dollar, unter anderem vom prestigeträchtigen Fulbright-Programm. Es war ein fantastisches Gefühl.

Meine Erfahrung belegt die große Wirkkraft einer guten Arbeitsweise und Lerntechnik. Allerdings brauchte ich selbst eine Weile, um dahinterzukommen. In diesem Buch habe ich die erfolgreichsten Lernmethoden zusammengestellt, die ich an den vielen Orten meiner Schul- und Studienzeit kennengelernt habe. Dazu gehören meine Schuljahre an der High School in Norwegen ebenso wie meine Studienjahre an Universitäten in den USA und Deutschland, insbesondere an der University of Oxford, der Norwegian School of Economics und der University of California in Berkeley. Zudem habe ich mehr als vierzig Bücher über Lerntechniken, Lernerfolge und Lerneinstellungen gelesen.

Meine Absicht war es, ein gut verständliches, leicht lesbares Buch vorzulegen, das all meine Erkenntnisse und Erfahrungen zusammenfasst, damit Sie effektiver lernen und bessere Noten erzielen können. Ein Buch, das die besten Ratschlägen für Sie als Lernenden enthält und Ihnen Techniken an die Hand gibt, die Sie sofort in die Praxis umsetzen können. Diese Techniken können eigene Anstrengungen zwar nicht vollständig ersetzen, sorgen aber dafür, den größtmöglichen Erfolg aus dem investierten Aufwand herauszuholen, um eine höhere Lerneffizienz, eine verstärkte Lernfähigkeit und am Ende bessere Prüfungsergebnisse zu erreichen. Darauf gebe ich Ihnen mein Wort!

Viel Spaß beim Lesen!

Olav Schewe
Singapur, Mai 2017

MIT DEN RICHTIGEN LERNTECHNIKEN ZUM ERFOLG

»Wenn du einen IQ von 150 hast, dann kannst du 30 IQ-Punkte an jemanden anderen verkaufen. Du musst nur klug, aber kein Genie sein.«

Warren Buffet

(Großinvestor und drittreichster Mann der Welt)

Spielt die Art und Weise, *wie* wir lernen, wirklich eine so große Rolle?

Eine berechtigte Frage, und eine, die Sie sich möglicherweise gerade stellen, während Sie in dieses Buch eintauchen. Schließlich hängt der schulische Erfolg doch hauptsächlich davon ab, wie klug man ist, oder nicht? Ja, es stimmt, Menschen mit einer höheren Intelligenz tun sich leichter als andere, gute Noten zu erlangen, mittlerweile aber gibt es gesicherte Erkenntnisse darüber, dass Intelligenz für den schulischen Erfolg tatsächlich weniger bedeutsam ist, als man meinen möchte. Die Psychologin Sandra Scarr zum Beispiel kommt zu dem Schluss, dass 75 Prozent der Lernleistung von anderen Faktoren als der Intelligenz beeinflusst sind, unter anderem von Motivation, Vorwissen und Lernstrategien. Viele andere Wissenschaftler, darunter auch Kou Murayama, Bildungswissenschaftler und Experte für Lernstrategien an der University of California in Los Angeles, sind zu ähnlichen Ergebnissen gekommen. Auch er sagt, dass es zur Verbesserung der Lernleistung sehr viel mehr auf Motivation und Lernverhalten ankommt als darauf, wie klug jemand ist. Weitere Studien zeigen, dass sich Unterschiede im Bildungserfolg der Probanden nur zu *weniger* als 20 Prozent mit den Ergebnissen aus Intelligenztests erklären lassen.

Seitdem ich das weiß, versuche ich zu ergründen, durch welche Faktoren bestimmt wird, wie gut jemand lernt und welche Noten er erzielt – um zunächst mir selbst und dann auch anderen zu größerem Lernerfolg zu verhelfen. Nach umfangreichen Recherchen komme ich zu dem Schluss, dass es die Kombination aus Intelligenz, Zeit, Vorwissen, innerer Einstellung, Lerntechnik und Leistungsfähigkeit ist, die Erfolge schafft. Erfolg in Schule und Beruf kann nicht durch einen dieser Faktoren allein erreicht werden, sondern nur durch deren Zusammenspiel. Diese Grundidee lässt sich wie folgt veranschaulichen:

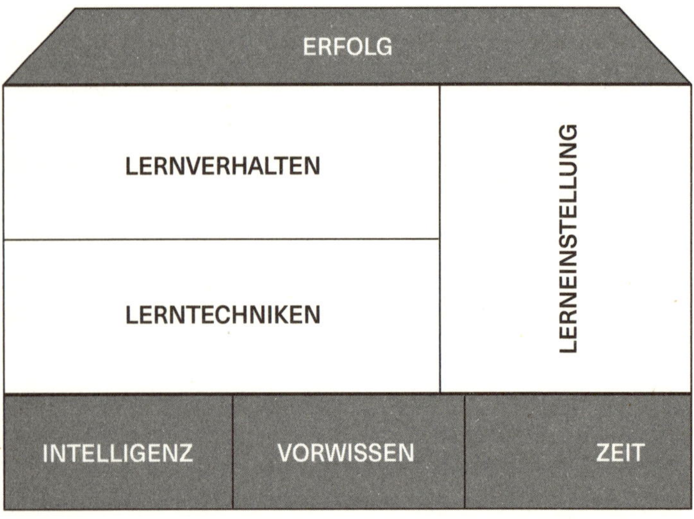

Intelligenz, Vorwissen und Zeit sind der Grundstock für erfolgreiche Lernleistungen, das Fundament schlechthin, das alles untermauert. Und daran lässt sich, zugegebenermaßen, kaum rütteln. Unsere *Intelligenz* ist, zumindest nach traditioneller Sichtweise, eine festgelegte Eigenschaft; *Vorwissen* ist in der Vergangenheit angesiedelt; und die *Zeit*, die wir für das Lernen investieren können, ist oftmals begrenzt. Ein Tag hat nun mal nur 24 Stunden.

Die gute Nachricht aber ist, dass Intelligenz, Vorwissen und Zeit nur drei Faktoren von vielen weiteren sind, die bestimmen, wie viel wir lernen und wie erfolgreich wir abschneiden. Die Faktoren im Mittelfeld der Grafik – **Lerntechnik** (wie wir lernen), **Lernverhalten** (wie wir uns auf Prüfungen und Tests vorbereiten), **Lerneinstellung** (wie wir und selbst motivieren und denken) – sind nämlich ebenso wichtig wie die zugrundeliegenden Elemente und können sehr wohl verbessert werden. Das heißt, sie sind durchaus mitentscheidend für den Erfolg und können die *Lernfähigkeit* deutlich steigern.

Studien haben gezeigt, dass durchschnittlich intelligente Studenten mehr behielten und in Tests besser abschnitten, wenn sie mit Mnemotechniken gelernt hatten, als vergleichsweise intelligentere Kommilitonen, die diese Techniken nicht kannten (und daher auch nicht nutzten). Doch wenn die intelligenteren Studenten ebenfalls mit Mnemotechniken gelernt hatten, schnitten beide Gruppen gleich gut ab. Eine Reihe von Befragungen unter mehr als 400 australischen Studenten zeigte auch, dass diejenigen, die in den Tests am besten abschnitten, deutlich besser darin waren, effektive Lerntechniken für sich zu nutzen. Jeder sollte also darauf hinarbeiten, seine Lerntechniken zu verbessern, und zwar ungeachtet der eigenen Intelligenz.

Schön und gut, höre ich Sie sagen, aber warum sind die »klugen« Studenten am Ende doch immer meist besser und erfolgreicher? Der Psychologe, Lernforscher und Autor Kenneth L. Higbee erklärt dies damit, dass intelligente Studenten, vielleicht bedingt durch die Intelligenz an sich, es sehr viel besser verstehen, gute Lerntechniken auszumachen und für sich zu nutzen. Ich habe den gleichen Eindruck. Klügere Studenten lernen tendenziell »klüger« und nutzen effektivere Lerntechniken. Die gute Nachricht für Sie? Wir kennen diese Lerntechniken heute ganz genau. Jeder kann sie nutzen. Und das heißt, jeder kann produktiver lernen und bessere Ergebnisse erzielen – auch Sie!

WIE WICHTIG SIND GUTE NOTEN?

Noten messen weder Ihre Intelligenz, noch Ihre Motivation, noch sagen sie irgendetwas über Ihren späteren beruflichen Erfolg aus. Manch einer empfindet Noten gar als ein grausames Mittel der Lernkontrolle. Gut, dann sind Noten nichts weiter als eine Möglichkeit, Test- oder Prüfungsergebnisse abzubilden. Wozu sich also einen Kopf darum machen?

Weil gute Noten wichtig sind. Es mag fast scheinen, als seien gute Noten das alleinseligmachende Maß. Aber vielleicht ist das gar nicht so schlecht. Mit bloßem Willen versetzt man schließlich keine Berge.

Gute Noten zeigen, dass Sie fähig sind, festgelegte Leistungskriterien zu verstehen und diese auch zu erfüllen. Genau deshalb öffnen gute Noten viele Türen. Für Universitäten zum Beispiel sind gute Noten ein Auswahlkriterium bei der Vergabe von Studienplätzen, und Arbeitgeber entscheiden anhand der Noten, welcher Bewerber zum Vorstellungsgespräch eingeladen wird – je besser die Noten, desto besser die Chancen.

Klar, gute Noten sind sicherlich nicht die einzige Möglichkeit, zu zeigen, dass Sie in der Lage sind, gute Leistungen zu erbringen. Die Leistungen, die Sie in früheren Jobs, in Ehrenämtern, im Sport oder selbständigen Projekten erbracht haben, geben ebenfalls Aufschluss über Ihr Potenzial und sind für viele Jobs eine ebenso wichtige Voraussetzung wie gute Noten. Wer sich selbständig machen und seine eigene Firma gründen will, für den kommt es wohl nicht so sehr auf gute Noten an. Für alle anderen aber spielen sie sehr wohl eine große Rolle. Gute Noten sind ein Muss, um hochbegehrte Jobs oder Hochschulzulassungen zu ergattern. Und auch in der Arbeitswelt kommt es sehr auf gute Noten an, insbesondere wenn es in Ihrer Zielbranche eine starke Konkurrenz gibt.

Gute Noten sind aber weit mehr als bloß ein Türöffner zu besseren Chancen. Herausragendes Können und gute Leistungen stärken das Vertrauen in die eigenen Fähigkeiten und sorgen für ein gutes Gefühl. Fleißiges Lernen wird so zum Vergnügen, steigert die Motivation, sodass Sie intensiver und immer besser arbeiten – was wiederum einen überaus positiven Kreislauf in Gang setzt.

Zudem sind die Fähigkeiten, die es braucht, um gute Noten zu erzielen, meist auch die, die Sie für andere Lebensbereiche nutzen können, um erfolgreich zu sein. Wer es versteht, gut zu lernen, zielgerichtet vorzugehen, auch unter Druck effektiv zu arbeiten, Probleme zu durchschauen und die richtigen Lösungsansätze zu finden, wird in allen Bereichen des privaten und beruflichen Lebens davon profitieren.

Sprich, indem wir lernen, bessere Noten zu erreichen, entwickeln wir zugleich die Fähigkeit, alle anderen Lebensbereiche gut zu meistern. Gute Noten durch bessere Lerntechniken werden also gleich doppelt belohnt, nicht nur mit einem guten Zeugnis. Der große Gewinner sind Sie!

ZUM AUFBAU DIESES BUCHES

Dieses Buch ist in drei Teile gegliedert: *Effektiv lernen – Optimale Lernerfolge – Die richtige Einstellung*

TEIL 1 – Effektiv lernen

Hier erfahren Sie, welche Techniken das Lernen leichter machen. Es geht um Zeitmanagement, Lesetechniken, Notiztechniken und Mnemotechniken.

TEIL 2 – Optimale Lernerfolge

Hier erfahren Sie, wie Sie bestmöglich abschneiden können. Es geht um Prüfungsvorbereitung, Strukturierung der Lernstoffe sowie schriftliche und mündliche Prüfungen.

TEIL 3 – Die richtige Einstellung

Hier erfahren Sie, wie Sie Motivation, Zielformung und Denkart zur Leistungssteigerung nutzen können.

WIE SIE DIESES BUCH BESTMÖGLICH NUTZEN

Es gibt vielerlei Möglichkeiten, von diesem Buch zu profitieren. Wer keine Zeit hat, es komplett durchzulesen, kann es als Referenzwerk nutzen und es je nach Bedarf kapitelweise lesen. Doch ich lege Ihnen ausdrücklich ans Herz, das ganze Buch lesen, da es Ihnen ein tieferes Verständnis für das zentrale Thema der Lerntechniken insgesamt verschafft. Sie werden merken, dass Sie die wertvollsten Tipps dort bekommen, wo Sie sie am wenigsten vermuten.

Und, weit wichtiger noch, ich empfehle Ihnen dringend, diese Techniken auch aktiv anzuwenden, und zwar umgehend. Damit dies auch gut gelingt, könnte es hilfreich sein, hier und da zurückzublättern, um sich die ein oder andere Technik noch einmal ins Gedächtnis zu rufen. Jedes Kapitel schließt mit einer kurzen Zusammenfassung, damit Sie es nicht noch einmal in Gänze zu lesen brauchen, um sich an zentrale Ideen und Techniken zu erinnern.

TEIL 1
EFFEKTIV LERNEN

ZEIT UND PLANUNG

ZEITMANAGEMENT

Die meisten Studenten haben schlicht nicht genug Zeit, um alles unter einen Hut zu bringen. Und da Zeit ein begrenztes Gut ist, ist es wichtig, sie klug zu nutzen. Genau darum geht es beim Zeitmanagement. Mithilfe guter Zeitmanagement-Techniken und Strategien wird es Ihnen gelingen, die verfügbare Zeit optimal zu nutzen.

Wie viel Lernzeit habe ich?

In meinem zweiten Semester als Uni-Student war ich hochmotiviert, mein Bestes zu geben. Ich beschloss, sämtliche Pflichtlektüren zweimal zu lesen, mir ausführlich Notizen zu machen, alle Aufgaben vollständig zu erledigen, vorbereitet in die Seminare zu kommen und zusätzlich weitere themenbezogene Fachbücher zu lesen. Doch nach einem Monat schon hinkte ich in jedem Seminar hinterher. Ich versuchte, aufzuholen, aber je mehr ich ackerte, desto mehr blieb ich zurück. Ich war zunehmend frustriert und unmotiviert.

Was war schiefgelaufen?

Wie viele andere Studenten auch, schätzte ich die Zeit, die ich wirklich habe und die ich für anstehende Aufgaben brauchen würde, völlig falsch ein. Zum Beispiel dachte ich, dass ich die einzelnen Kapitel in meinem Mikroökonomie-Lehrbuch in jeweils einer Stunde schaffe. Jedes Kapitel war um die dreißig Seiten lang, hatte eine kleine Schriftgröße und war vollgepackt mit komplizierten Theorien. Kein Wunder, dass ich für ein Kapitel länger brauchte als eine Stunde.

Irgendwann hatte ich kapiert, dass ich exakt ermitteln muss, wie viel Lernzeit mir unterm Strich blieb, um sie besser einteilen und damit effektiver lernen zu können. Mein Tipp daher: Erstellen Sie sich einen Wochenplan entsprechend dem Ansatz in der nachfolgenden Tabelle. Für jeden von uns hat die Woche die gleichen 168 Stunden.

Davon ausgehend ziehen Sie die Zeit ab, die Sie für andere Tätigkeiten wie Schlafen, Essen, Freizeit und dergleichen brauchen. Wenn Sie im Schnitt acht Stunden pro Nacht schlafen, ziehen Sie also insgesamt 56 Stunden ab. Wenn Sie im Schnitt zwei Stunden am Tag für Mahlzeiten rechnen, so ziehen Sie insgesamt 14 Stunden ab und so weiter.

	Stunden	Aktivität
	168	Ansatzpunkt (Stunden pro Woche)
–	56	Schlafen
–	14	Essen
–	10	morgendlicher Start in den Tag und Fahrtwege
–	6	Übungsaufgaben
–	6	Studentenvereine
–	24	Freizeit
–	16	Seminare
–	4	Lerngruppen
–	12	Teilzeitjob
=	**20**	Stunden an freier Lernzeit

Wenn wir davon ausgehen, dass Sie an den Wochenenden nichts arbeiten, bleiben Ihnen vier Stunden pro Tag zum Lernen. Bei vier Seminaren die Woche macht das fünf Stunden Lernzeit pro Seminar. Das ist nicht viel, also überlegen Sie gut, wie Sie diese Zeit am effektivsten nutzen – beispielsweise, wie viel Zeit Sie auf eine bestimmte Aufgabe oder Übung verwenden wollen (später mehr dazu).

Dies ist auch eine prima Gelegenheit, um herauszufinden, in welchen Bereichen Sie mehr Zeit herausschlagen können. Wenn Sie morgens zum Beispiel ewig herumtrödeln, lieber vor dem Fernseher liegen oder im Internet surfen, liegt es an Ihnen, dies zu ändern, um schneller aus den Puschen zu kommen und sich täglich mehr Zeit zu verschaffen.

Wieviel Zeit benötige ich für eine Aufgabe?

Ein weiterer grundlegender Schritt ist die richtige Einschätzung darüber, wie viel Zeit Sie für die einzelnen Lernaktivitäten brauchen – Literatur lesen, Skripts aufarbeiten, Notizen machen, Problemstellungen eigenständig lösen. Um zum Beispiel herauszufinden, wie lange Sie brauchen, ein bestimmtes Lehrbuch durchzuarbeiten, lesen Sie zunächst vier Seiten und schauen auf die Uhr, wie viel Minuten Sie dafür gebraucht haben. Dann teilen Sie diese Zahl durch vier, um einen ungefähren Wert für die benötigten Minuten pro Seite zu bekommen. Wenn Sie zum Beispiel vier Minuten pro Seite brauchen und Ihr wöchentliches Lesepensum für ein Seminar im Schnitt 60 Seiten umfasst, dann brauchen Sie insgesamt 240 Minuten (oder vier Stunden), bis Sie alles gelesen haben.

Den gleichen Ansatz wenden Sie auf andere Lernaktivitäten an. Nehmen wir mal an, Sie brauchen eine Stunde, um Ihre Skripts aufzuarbeiten, zwei Stunden, sich eigene Notizen zu machen und drei Stunden, um eine Problemstellung zu lösen. Wenn Sie nun die benötigte Zeit für alle diese Aktivitäten zusammenrechnen, sehen Sie, dass es insgesamt zehn Stunden braucht, bis alles geschafft ist. Wenn Sie aber nur fünf Stunden Lernzeit pro Seminar haben, wie im Beispiel oben, ist klar ersichtlich, dass Ihr Zeitplan völlig unrealistisch ist. Sie müssen Prioritäten setzen.

Nutzen Sie Leerlaufzeiten!

Im Tagesablauf tun sich immer mal zeitliche Lücken oder kurze Pausen auf, die wir nicht produktiv nutzen: wenn wir zum Beispiel auf den Bus warten, im Zug sitzen, zu Fuß zur Uni gehen, im Wartezimmer beim Arzt oder Zahnarzt sitzen, irgendwo anstehen müssen und so weiter. Diese Leerlaufzeiten eignen sich natürlich nicht, um tiefgehende Studien zu betreiben oder komplizierte Aufgaben zu lösen, aber Sie können sie gut für Dinge nutzen, die sich leicht nebenher erledigen lassen wie zum Beispiel Anrufe tätigen, E-Mails beantworten, Podcasts anhören oder Notizen durchgehen.

Auf der Highschool nutzte ich die zwanzigminütige Busfahrt, um meine Pflichtlektüre zu lesen. Ein Freund von mir, der in Prag studierte und bis zur Uni jeden Tag eine Dreiviertelstunde in der Straßenbahn saß, ging unterdessen regelmäßig seine Skripts durch. Und wieder eine andere Freundin von mir rief auf dem Heimweg nach der Uni immer ihre Eltern und Großeltern an. Wenn Sie Ihre Leerlaufzeiten ähnlich nutzen, haben Sie am Ende mehr Zeit übrig, die Sie mit wichtigen Lernaufgaben oder Freizeitaktivitäten füllen können.

Was steht an? – Machen Sie einen Tagesplan

Experten in Sachen Optimierung der Lern- und Leistungsfähigkeit empfehlen, täglich zehn Minuten in die Tagesplanung zu investieren. Wie lautet mein Tagesziel für heute? Was steht an? Setzen Sie Prioritäten. Auf diese Weise identifizieren Sie Aufgaben, die sich koordinieren lassen, und organisieren Ihren Arbeitsalltag sehr viel effektiver. Ein weiterer großer Vorteil eines ausformulierten Tagesplans liegt darin, dass Sie eine bestimmte Zeit für eine bestimmte Aufgabe reservieren und diese konsequent erledigen. Eine Studie der New York University ergab, dass Studenten, die planen, was sie wann zu lernen gedenken, etwa doppelt so viele Stunden mit Lernen verbrachten gegenüber denjenigen Studenten, die keinen Zeitplan erstellen. Und was, höre ich Sie sagen, wenn ich überhaupt keine Zeit habe, mir ständig einen Zeitplan zu machen? Nun, dann wird es höchste Zeit, dass Sie den Plan bestimmen, nicht der Plan Sie!

Organisieren Sie sich!

Immer erst Stifte und Notizblöcke suchen zu müssen, wenn Sie sich an den Schreibtisch setzen, frisst enorm viel Zeit. Legen Sie sich die Dinge zurecht, die Sie zum Lernen brauchen, und lassen Sie sie auf ihrem Platz. Die ständige Sucherei nach diesem und jenen kostet vielleicht nur einen kleinen Moment, doch das summiert sich im Lauf des Tages enorm. Und wenn Sie erst ewig herumsuchen müssen, bevor Sie überhaupt anfangen können, dient das Suchen auch schnell mal als (willkommene) Ausrede dafür, gar nicht erst anzufangen mit dem Lernen.

Ein früherer Klassenkamerad von mir hatte genau mit diesem Problem zu kämpfen. Wenn er am Abend vom Unterricht nach Hause kam, war er viel zu geschafft, um sich nochmal zum Lernen aufzuraffen und hing stattdessen lieber vor dem Fernseher ab. Das konnte unmöglich zum Dauerzustand werden, und er beschloss, etwas zu ändern. Jeden Morgen, bevor er aus dem Haus ging, ordnete er seinen Schreibtisch, legte das Lehrbuch aufgeschlagen hin und alles, was er sonst so brauchte, griffbereit daneben: Notizblock, Bleistifte, Leuchtstifte. Auf diese Weise überwand er seinen inneren Schweinehund, und seine Leistungsfähigkeit steigerte sich enorm.

Terminkalender und To-Do-Liste – ein Muss!

Als ich neun Jahre alt war, konnte ich mir meinen Termin beim Friseur merken, ohne dass ich ihn im Kalender notierte. Aber als ich neun war, war der Besuch beim Friseur auch so ziemlich der einzige feste Termin in der ganzen Woche! Heute komme ich ohne Terminplaner im Handy gar nicht mehr aus. Ganz praktisch, denn so habe ich den Kopf frei für die wirklich wichtigen Dinge. Geplante Aktivitäten und Aufgaben schriftlich zu fixieren, ist nach David Allen, dem weltberühmten Experten für produktives Zeitmanagement, von höchster Bedeutung. Er erinnert daran, dass es uns wertvolle Zeit und Energie kostet, wenn wir ständig banale Dinge im Kopf behalten müssen. Deshalb empfiehlt er erstens: *sämtliche* Termine in den Handy-Kalender einspeichern und diese tagtäglich vor Beginn des Arbeitstages abfragen. Und zweitens: eine To-Do-Liste führen mit *allen* Dingen, die zur Erledigung anstehen.

Hier eine Beispielliste:

TO-DO-LISTE

- Andrew anrufen
- Geburtstagsgeschenk für Mama
- E-Mail an Professor Anderson
- Lebenslauf aktualisieren
- Job-Bewerbung fertigmachen
- Gruppeneinteilungen vornehmen
- Geschenkgutschein vor Ablauf einlösen
- E-Mail-Posteingang leeren
- altes Handy auf Kauf-Plattform stellen
- Fahrradbremsen reparieren lassen

Eins nach dem anderen!

Um mit den Unmengen von Lernstoff, die geradezu erdrückend scheinen, klarzukommen, sind wir heute erfahrene Multitasker, führen also mehrere Dinge gleichzeitig aus. Klappt ganz gut, sagen wir uns, schließlich haben wir eine rechte und eine linke Hand, ein Paar Augen und ein Paar Ohren – und die müssen sich ja nicht immer auf nur eine Sache konzentrieren. Wir putzen das Haus und hören dabei

Musik, oder wir telefonieren auf dem Weg zum Supermarkt mit unserer Mutter.

Multitasking sollte nicht komplett verworfen werden, nein, aber wir müssen erkennen, dass es nur für bestimmte Aufgabentypen funktioniert. Am Steuer sitzen und per Freisprechanlage telefonieren, klappt in den meisten Fällen ohne weiteres, aber versuchen Sie mal, am Steuer zu sitzen und $34x^2+34x+15=0$ zu lösen, und das Unfallrisiko wird beträchtlich steigen. Sie sehen, komplexe Aufgaben, die Ihre volle Aufmerksamkeit und Konzentration verlangen, können nicht gleichzeitig mit anderen Aufgaben ausgeführt werden, die ein ähnliches Maß an Denkarbeit verlangen. Sobald wir es versuchen – sagen wir mal, wir versuchen, ein Aufsatzthema zu finden und auszuformulieren, während wir gleichzeitig mit jemandem über ein ganz anders Thema sprechen –, springen wir gedanklich ständig hin und her. Das macht unser Hirn nicht mit und führt zu einer Reihe von geistigen Einbußen, die etwa auf Kosten der Präzision gehen und/oder zu einer verlangsamten Denkleistung führen (was wiederum auf Kosten der Zeit geht, die es braucht, um eine Aufgabe anzustoßen und in einen guten Arbeitsfluss zu bringen).

Forscher an der University of Michigan fanden in einer Studie heraus, dass die kognitive Leistungsfähigkeit um bis zu 40 Prozent verringert ist, wenn bestimmte Aufgaben gleichzeitig anstatt nacheinander ausgeführt werden. Also: Nicht mit zu vielen Bällen gleichzeitig jonglieren, sondern einen Ball nach dem anderen werfen – sprich eins nach dem anderen erledigen!

Studentenjobs – möglichst flexibel bleiben!

Wenn Sie neben dem Studium noch jobben müssen, versuchen Sie, möglichst etwas zu finden, das nicht nur Ihre Taschen füllt. Wie wäre es mit einem Job als Fitnesstrainer? Das hält fit und gesund, und Sie kriegen auch noch Geld dafür. Oder mit einem Job als Tutor?

Sie assistieren einem Professor und/oder betreuen andere Studenten bei studienbezogenen Aktivitäten, Hausarbeiten und Tests. Das macht sich insofern doppelt bezahlt, da Sie gleichzeitig Ihr Fachwissen erweitern. Oder Sie versuchen, einen Job in der Branche zu ergattern, in der Sie später mal arbeiten wollen, um frühzeitig wertvolle Erfahrungen zu sammeln und Kontakte zu knüpfen.

Zeit für Freizeit schaffen!

Ein Burnout kann auch Studenten treffen. Umso wichtiger, sich öfter mal Zeit zu nehmen, um zu entspannen und Spaß zu haben. Klar, das ist nicht immer einfach, schon gar nicht, wenn Deadlines näher rücken, aber auf lange Sicht gesehen, lässt sich ein gleichbleibend hohes Leistungsniveau kaum halten, ohne einen bewussten Ausgleich zwischen Arbeit und Freizeit zu schaffen.

Manche Menschen brauchen mehr Freizeit als andere, aber ganz ohne kommt keiner aus. Wieviel Zeit Sie in Ihr Studium stecken, hängt ganz von Ihrer Fachkonstellation und Ihren Ambitionen ab. Wenn Sie vorhaben, in der obersten Liga Ihres Fachs mitzuspielen, müssen Sie natürlich etwas mehr Freizeit opfern als jemand, der sich mit knapp über dem Durchschnitt zufriedengibt

Wer fleißig studiert, tut sich oft schwer, sich gedanklich zu lösen und Lern- und Freizeit klar voneinander zu trennen. Das geht vielen Studenten so. Sie können in ihrer freien Zeit einfach nicht abschalten und genießen, ohne gleich ein schlechtes Gewissen zu bekommen, weil sie doch eigentlich lernen müssten. Und wenn sie dann am Schreibtisch sitzen, wandern die Gedanken zu allen möglichen Dingen, die sie gerade lieber täten und lassen sich von sozialen Medien, Spielen oder anderen Aktivitäten ablenken. Aus diesem Teufelskreis auszubrechen, verlangt Selbstdisziplin, worüber wir in Teil 3 dieses Buches eingehender sprechen werden. Kurzum, es bringt enorm viel, sich vollkommen auf nur eine Sache zu konzentrieren.

Also: In der Lernzeit ausschließlich ans Lernen denken, in der Freizeit ausschließlich ans Entspannen (und *nicht* ans Büffeln!).

Sport und Bewegung nicht vergessen ...

> *»Ich war immer der Überzeugung, dass sportliche Betätigung nicht nur ein Schlüssel zu körperlicher Gesundheit ist, sondern auch zu innerer Ruhe. Wie oft habe ich früher meinen Zorn und Frust an einem Boxball ausgelassen, statt auf Freunde oder gar Polizisten loszugehen. Sport löst Spannungen, Spannungen nämlich zerstören den Seelenfrieden. Ich habe festgestellt, dass ich besser arbeiten und klarer denken konnte, wenn ich in guter körperlicher Verfassung war, und so wurde der Sport zu einem der Dinge in meinem Leben, die ich nie aufgegeben habe.«*
>
> **Nelson Mandela**

Lernen braucht Bewegung. Körperliche Aktivitäten sind wichtig, um gute Leistungen zu erbringen, insbesondere über einen längeren Zeitraum. Sie verleihen Energie und Ausdauer. Und sie steigern die Lern- und Leistungsfähigkeit, wie einschlägige Studien belegen. In der britischen Tageszeitung *The Guardian* erschien dazu ein Artikel unter der Überschrift »Start Running and Watch your Brain Grow«. Er basiert auf Forschungsarbeiten, die zeigen, dass durch sportliche Aktivitäten wie Laufen oder andere Arten von Konditionstraining tatsächlich neue Hirnzellen gebildet werden, die die Gedächtnisleistung deutlich verbessern. US-amerikanische und britische Neurologen sind sich einig: »Wie und warum genau körperliche Aktivität das Lernen fördert, ist noch nicht vollständig erschlossen, aber dass es das Lernen fördert, das wissen wir«, sagen sie. Das heißt, Sport und

Bewegung fördern nicht nur die Gesundheit, sondern tragen auch zu besseren Noten bei. Also, nehmen Sie sich Zeit, um sich ein paarmal die Woche regelmäßig Bewegung zu verschaffen, denn wer sich körperlich fit hält, wird effektiver lernen.

Gehören Sie zu denen, die sich immer wieder vornehmen, künftig mehr Sport zu treiben, es dann aber doch wieder schleifen lassen? Damit es nicht beim bloßen *Vorsatz* bleibt, nach dem Motto »Montag fang ich an«, legen Sie am besten eine konkrete »Trainingszeit« fest, idealerweise mit einem/r Freund/Freundin, oder Sie melden sich zu einem Kurs an. Notieren Sie diesen Termin im Kalender, um das Ganze verbindlicher zu machen.

... und ausreichend schlafen!

Zu wenig Schlaf beeinflusst weit mehr als nur den Energie- und Stimmungspegel. Schlafmangel, und darin sind sich Experten weitgehend einig, hat einen negativen Einfluss auf Kreativität, Immunsystem und Konzentrationsfähigkeit. Doch unregelmäßiger Schlaf ist unter Studenten eine allzu häufige Erscheinung. Studenten kommen spät ins Bett, schlafen allgemein schlecht, kommen morgens entsprechend unausgeschlafen in den Unterricht und können sich nicht gut konzentrieren. Abends dann strampeln sie sich ab, die verplemperte Zeit wieder reinzuholen, gehen wieder spät ins Bett und der Teufelskreis beginnt von vorn.

Auch ich hatte auf der Highschool mit diesem Problem zu kämpfen. Einmal wurde ich von den Lehrern zum Arzt geschickt, da sie dachten, ich wäre ernsthaft krank. Doch die Diagnose lautete auf »Schlafmangel«. Ich ergriff ein paar Maßnahmen, um meine Schlafgewohnheiten zu ändern, was sich ungemein positiv auf meine Energie, Laune und Noten auswirkte.

»Ich bin halt ein Langschläfer«, mögen Sie einwerfen, oder auch »Ich bin kein Morgenmensch«. Etwas ungünstig für Sie, denn so fällt es Ihnen vermutlich schwerer, sich gesündere Schlafgewohnheiten anzutrainieren. Eine Ausrede aber ist es nicht. Jeder kann seine Schlafgewohnheiten ändern, wenn er nur will.

KURZ UND KNAPP

ZEITMANAGEMENT

- Verschaffen Sie sich einen Überblick, wie Sie Ihre Zeit tatsächlich verbringen. Identifizieren Sie Zeitfresser, um zu erkennen, wo Verbesserungspotenziale bestehen, und finden Sie heraus, wieviel verfügbare Lernzeit Ihnen von insgesamt 168 Stunden pro Woche bleibt.
- Nutzen Sie Leerlaufzeiten, um anspruchslose Tätigkeiten auszuführen.
- Notieren Sie alle Termine im Kalender, und führen Sie eine To-Do-Liste – das spart Zeit und Energie.
- Planen Sie Ihren Tag, und setzen Sie sich täglich konkrete Ziele.
- Machen Sie eins nach dem anderen, insbesondere wenn die einzelnen Aufgaben hohe Konzentration erfordern.
- Körperliche Fitness stärkt die geistige Fitness. Achten Sie auf ausreichend Freizeit, Sport und Schlaf, um dauerhaft gute Leistungen zu erbringen.

MIT ZIEL UND PLAN ZUM LERNERFOLG

»Ein Ziel ohne einen Plan bleibt nur ein Wunsch!«

Nathaniel Branden

Lernen will geplant sein – mit dem richtigen Zeitmanagement schaffen Sie es, Lern- und Freizeit zu maximieren. Aber noch etwas ist wichtig: Um die geplante Lernzeit effektiv zu nutzen, sollten Sie sich auf die Dinge konzentrieren, auf die es gerade ankommt. Denn wenn es ums Lernen geht, sind die Grenzen nach oben hin offen. Man kann ein Leben lang lernen, um dann am Ende zu erkennen, dass alles Gelernte doch nur ein kleiner Tropfen im uferlosen Meer des Wissens ist.

Um maximalen Lernerfolg zu erreichen, sollten Sie sich daher ganz bewusst auf das Wesentliche fokussieren. Denn wer hat sich angesichts einer mittelmäßigen Punktzahl oder Note nicht schon einmal geärgert und gedacht: »Hätte ich doch bloß anders priorisiert, anders ausgesiebt oder besser verstanden, worauf es bei der Prüfung ankommt, dann hätte ich bestimmt sehr viel besser abgeschnitten.« Die gute Nachricht: Mit ein paar einfachen Tricks ist es mit dieser Art von Selbstmitleid nun vorbei.

Mehr Zeit ist nicht gleich mehr Produktivität

Verabschieden Sie sich von der irrigen Vorstellung, dass Sie viel geschafft bekommen, wenn Sie nur viel Zeit investieren. Ich will Ihnen Professor Stanley Eisenstat von der Yale University vorstellen. Er leitet dort den unter Studenten berühmt-berüchtigten Programmierkurs CS 323, mit dem sich alle Erstsemester regelmäßig herumschlagen müssen. Man brauche viel zu lang, so eine häufige Klage, bis Aufgaben vollständig durchschaut und gelöst sind. Um ihren Unmut besser verstehen zu können, schickte sich der Professor an, die individuelle Zeit, die ein Student zur Lösung einer Aufgabe braucht, zu messen.

Anschließend verglich er die jeweils gemessene Zeit mit der erworbenen Note. Was meinen Sie? Was hat er herausgefunden? Interessanterweise stellte er nicht den geringsten Zusammenhang zwischen erzielter Note und aufgewendeter Zeit zur Aufgabenlösung fest. Einige Studenten nahmen sich sehr viel Zeit und schnitten dennoch sehr schlecht ab, während andere erheblich weniger Zeit brauchten und Bestnoten erzielten. Tatsächlich übertrafen die leistungsstärksten Studenten die leistungsschwächsten um den Faktor 10:1. Das heißt, wofür die leistungsschwächsten Studenten zehn Stunden brauchten, schafften die leistungsstärksten Studenten in einer Stunde.

Genau dieses Muster habe ich selbst immer und immer wieder erlebt. Die Studenten kommen in die Seminare mit dem Wunsch und der Motivation, am Ende gute Noten zu erzielen, doch wer kennt schon die Techniken, mit denen dies auch am effektivsten gelingen kann? Die meisten fangen einfach an nach dem Motto, mal sehen, wie es so läuft, lernen eifrig viele Stunden lang, konzentrieren sich dabei aber auf falsche Inhalte, wenden unproduktive Lernmethoden an oder auch beides. Der Zauberslogan lautet: »Work smart, not hard!« – Intelligent lernen, anstatt schwer büffeln! Mit den folgenden drei Schritten gelingt Ihnen dies garantiert:

1. Code knacken – oder: Lernziel erkennen

Jedes Seminar zeichnet sich durch eigene Lehrinhalte aus, die es zu erarbeiten gilt, um Leistungserfolge zu erzielen. Basierend auf der Beschreibung des Seminars (das sich möglichenfalls an einer bestimmten Wissenstradition orientiert) legt der Professor oder Dozent die ungeschriebenen Regeln für den erfolgreichen Abschluss des Seminars fest. Manche Seminare arbeiten mit Lehrbüchern, die einen Überblick über das Grundwissen samt ergänzenden Zusatzmaterialien bieten. In anderen wiederum wird der Stoff durch Vorträge, Vorlesungen und Skripts vermittelt sowie auf weiterführende Zusatzlektüren verwiesen. In manchen Seminaren sind dabei alle dargebotenen Inhalte (in welcher Form auch immer) gleichermaßen wichtig, in anderen wiederum sind einige Inhalte relevanter als andere. In manchen Seminaren kommt es ganz wesentlich auf Details an, in anderen wiederum nur auf große Theorien. Manche Seminare fokussieren sehr stark auf die Theorie, andere wiederum auf die Anwendung derselben. Manche Seminare sind einfach und erfordern wenig Mühe, andere wiederum sind dicht gepackt und überaus arbeitsintensiv.

Kommt Ihnen bekannt vor? Umso eher Sie den »Code« knacken, sprich, die ungeschriebenen Regeln des Seminars erkennen und das Lernziel erfassen, umso eher können Sie sich auf die »richtigen Dinge« konzentrieren und Ihre Zeit entsprechend einteilen.

Und so geht's ...

- Lesen Sie die ausgegebenen Informationen zu Kursbeschreibung und Benotung sorgfältig durch, einschließlich des »Kleingedruckten«.
- Hören Sie aufmerksam zu, wenn der Dozent über Kursgliederung und Lernziele spricht; viele Studenten tun dies nicht – ein großer Fehler.
- Fragen Sie den Dozenten nach dem richtigen Lernansatz, um optimal abzuschneiden.
- Schauen Sie sich alte Klausuren an, um ein Bild davon zu bekommen, was in welcher Form geprüft werden könnte.
- Sprechen Sie mit älteren Semestern, die das Seminar schon einmal belegt hatten, um wertvolle Tipps zu bekommen.

2. Eigene Strategien entwickeln

Nachdem Sie das Lernziel des Seminars verstanden haben, entwickeln Sie eine Strategie. Welche Schwerpunkte setzen Sie? Wie wollen Sie vorgehen? Wieviel Zeit reservieren Sie für dieses Seminar gegenüber anderen Seminaren und Aktivitäten? Lesen Sie das Lehrbuch vor oder nach dem Unterricht, oder gar nicht? Und da normalerweise nie genug Zeit ist, um alles zu schaffen, was wir gerne schaffen wollen, müssen wir eine kluge Vorauswahl treffen und rigoros priorisieren. Erledigen Sie die wichtigsten Aufgaben (die »Need to Do's«) zuerst, alle unwichtigen (die »Nice to Do's«) schieben Sie nach hinten.

Meine persönliche 3-Schritte-Lernstrategie

Während meiner langen Studienjahre habe ich eine Strategie entwickelt, die mir je nach Anforderungen in der ein oder anderen modifizierten Form stets zuverlässig geholfen hat, meinen Lernerfolg zu steigern:

1 Das ganze Semester hindurch konzentrierte ich mich darauf, die Kursinhalte zu *begreifen*. Ich verwendete Lernkärtchen, um Grundlagenwissen abzubilden und relevante Themen zu komprimieren und griff nötigenfalls auf das Lehrbuch zurück. Vor dem Unterricht ging ich meine Skripts (sofern ich welche gemacht hatte) oder die zentralen Themen im Lehrbuch noch einmal durch. Um den Stoff zu vertiefen, machte ich stets alle Hausaufgaben und nahm Stift und Papier zur Hand, um wichtige Begriffe und Beziehungen zwischen den einzelnen Themenfeldern zu illustrieren. Wenn ich irgendetwas nicht verstand, schrieb ich mir das auf und sprach den Dozenten in der nächsten Pause darauf an. Ich machte mir nie Notizen aus dem Buch, da diese meist uferlos ausfielen.

2 Schriftliche Hausaufgaben und Übungen ordnete ich nach obligatorischen und freiwilligen. Indem ich den Stoff schriftlich wiederholte, lernte ich sehr viel mehr als durch bloßes passives Lesen. Sowieso nahm kein Dozent in den Klausuren etwas dran, was er nicht zuvor im Unterricht besprochen oder als schriftliche Hausaufgaben gegeben hätte – ein Grund mehr, im Unterricht fleißig mitzuschreiben und sich durch die Hausaufgaben zu beißen.

3 Im Prüfungszeitraum beschäftigte ich mich vor allem damit, alte Prüfungen durchzuarbeiten (und die gestellten Aufgaben zu lösen) und mir die zentralen Inhalte einzuprägen. Die Lehrbücher las ich nie von der ersten bis zur letzten Seite durch, denn dafür hatte ich ohnehin keine Zeit.

3. Reflektieren Sie Ihre Lernstrategie regelmäßig

Da es nur allzu leicht passiert, dass man sich verzettelt oder in Verzug gerät, sollten Sie regelmäßig hinterfragen, ob Sie sich auch tatsächlich auf die richtigen Themen konzentrieren. Haben Sie den Code des Seminars wirklich geknackt und das Lernziel erkannt? Haben Sie neue Informationen aufgenommen und Ihren Zeitplan entsprechend angepasst? Setzen Sie die richtigen Prioritäten? Anders gefragt: Wenn Sie nur halb so viel Zeit zur Verfügung hätten, würden Sie sich dann immer noch auf die gleichen Themen in der gleichen Reihenfolge konzentrieren? Will heißen, Ihr Zeitplan sollte nicht in Stein gemeißelt sein. Die besten Zeitpläne sind diejenigen, die Ihnen einen flexiblen Spielraum für unerwartete Änderungen, Misserfolge oder neue Informationen lassen.

KURZ UND KNAPP

MIT ZIEL UND PLAN ZUM LERNERFOLG

- Zeit ist nicht gleich Produktivität
- Nutzen Sie die folgende 3-Schritte-Lernstrategie:

  (1) Knacken Sie den Code: Machen Sie sich für jedes Seminar das Lernziel klar. Hören Sie dem Dozenten aufmerksam zu, fragen Sie nach, wenn Sie etwas nicht verstehen und arbeiten Sie alte Prüfungen durch.

  (2) Legen Sie sich eine Strategie zurecht: Welche Schwerpunkte setzen Sie? Wie wollen Sie vorgehen?

  (3) Reflektieren Sie Ihre Lernstrategie regelmäßig: Überprüfen Sie immer wieder, ob Sie auch tatsächlich möglichst maximal produktiv sind. Falls nötig, passen Sie Ihr Verhalten den Anforderungen entsprechend an.

LERNEN UND VERSTEHEN

Der Physik-Professor setzte auf den »Vorführeffekt«.

LERNPROZESSE

Wir Menschen haben eine enorme Lernfähigkeit sowie eine nahezu unbegrenzte Gedächtnisfähigkeit. Dennoch nutzen wir Schätzungen zufolge nur weniger als 1 Prozent der Speicherkapazität unseres Gehirns in unserem ganzen Leben. Wer also Sorge hat, dass neues Wissen altes Wissen »verdrängt«, kann aufatmen – so funktioniert unser Gedächtnis nicht.

Wenn es nicht gleich klappen will, dass wir uns an einmal gelerntes Wissen erinnern, liegt dies daran, dass wir es nicht tief und fest genug im Gedächtnis verankert haben. Und selbst wenn wir es vergessen haben, ist es nicht komplett verloren gegangen. Es ist immer noch irgendwo in den unbewussten Tiefen unseres Gehirns gespeichert.

Der beste Beweis dafür ist die Tatsache, dass wir auch nach Jahren Lerninhalte, die wir einmal gewusst und beherrscht haben, sehr viel schneller wieder aufnehmen können, als wenn wir bei Null anfangen müssten. Beispiel Fremdsprache: Wer einmal eine Fremdsprache erlernt, aber nie aktiv angewendet hat, hat viele Wörter schnell vergessen; doch sobald wir diese Fremdsprache wieder aktivieren, machen wir schneller Fortschritte als ein blutiger Anfänger. Anderes Beispiel: Sie haben den Namen einer Person vergessen. Doch wenn Sie den Namen irgendwo geschrieben sehen – und nicht selbst erinnern müssen –, wissen Sie sofort Bescheid. Das Wissen darum war also nie ganz verloren.

In diesem Sinne können wir unser Gehirn mit einem großen Wald vergleichen. Jeder neue Wisseneintrag kann als neues Objekt gedacht werden, das fortan in diesem Wald existiert; unser Gehirn muss diese neuen Objekte zunächst sortieren und gruppieren, und es muss Verbindungspfade schaffen, an denen wir entlangschreiten können, um zu einzelnen Objekten zurückzufinden und entsprechende Zusammenhänge herzustellen. Sind zu wenige Pfa legt, fällt es umso schwerer, die Objekte wiederzufinden. dungspfade, die nur selten genutzt werden, verschwinden, u Objekte sind vorübergehend nicht zugänglich. Es braucht viel Zeit und Mühe, stabile Pfade dauerhaft anzulegen – das heißt, Lerninhalte dauerhaft im Gedächtnis zu verankern.

Dank guter Lerntechniken ist es heute sehr viel leichter, Lerninhalte schnell und effektiv zu verinnerlichen. Und genau darum geht es in diesem Buch: Wie gelingt es, mehr zu lernen und das Gelernte länger im Gedächtnis zu behalten?

Lehrbücher lesen, Notizen machen, sich an Unterricht oder Diskussionen beteiligen – all dies fördert das Lernen, indem neue Pfade im Gedächtnis geschaffen und alte »beseitigt« werden. Kenntnisse, die durch eigenständige Lernaktivitäten erworbenen werden, werden schneller verankert und bleiben länger im Gedächtnis haften. Deshalb habe ich jeder dieser aktiven Lernformen ein eigenes Kapitel gewidmet, damit Sie sie jeweils optimal nutzen können.

Ein einfaches Modell der Lernprozesse

Das unten skizzierte Modell kann hilfreich sein, um Lernprozesse in einem schulischen Kontext zu erklären.

Lernen ist der Prozess, der neues Wissen aus Seminaren und Büchern in das Gedächtnis transferiert. Mit regelmäßigen Wiederholungen des Lernstoffs kann einmal erworbenes, im Gedächtnis schlummerndes Wissen rasch aufgefrischt werden. Verlorengeglaubtes Wissen ins bewusste Gedächtnis zurückzuholen, ist gleichwohl ein wichtiger Prozess, das schiere Wiederholen aber führt kaum zu einer Verbesserung der Lernleistung. Zudem kommt es bei diesem Prozess vor allem darauf an, wie gut das Gelernte im Gedächtnis verankert ist, um es langfristig reproduzieren und abrufen zu können.

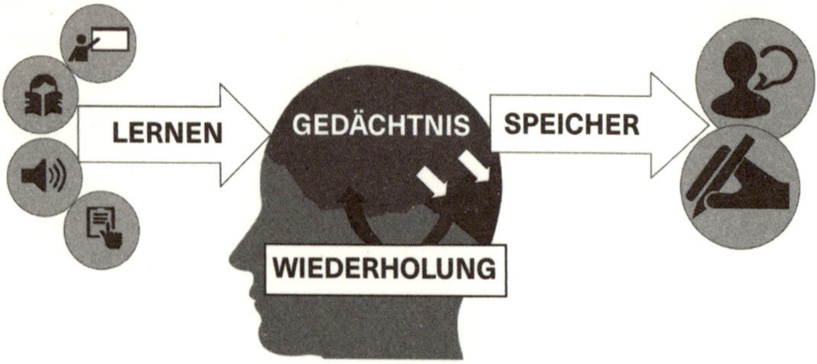

KURZ UND KNAPP

LERNPROZESSE

ϟ Das menschliche Gehirn hat eine nahezu unbegrenzte Speichermöglichkeit. Doch um das gespeicherte Wissen bei Bedarf abrufen zu können, ist es wichtig, effektive Lerntechniken zu nutzen. Auch das regelmäßige Wiederholen des Lernstoffs ist wichtig, um einmal erworbenes und gespeichertes Wissen zugänglich zu halten.

GRUNDPRINZIPIEN DES LERNENS

Wäre es nicht praktisch, aus all den Techniken, Tipps und Tricks ein kleines Wissenspaket mit hocheffizienten Lernmethoden zu schnüren, die sich jeder Student zu Nutze machen kann? Genau das habe ich getan. Die »Grundprinzipien des Lernens«, wie ich sie nenne, greifen elementare Einsichten über die Funktionsweise unseres Gehirns auf und bilden die Basis der nachweislich erfolgreichsten Lerntechniken. Dabei ist es ganz egal, welches Fach Sie studieren, wie hoch der Schwierigkeitsgrad der Aufgaben ist, die Sie gerade zu lösen haben, oder welches Medium Sie in welcher Lernsituation einsetzen. Um intelligent zu lernen, ist es wichtig, die Grundprinzipien des Lernens zu kennen, um sie entsprechend sinnvoll nutzen zu können. Diese sind (wie unten bildlich dargestellt): Aufmerksamkeit/Konzentration (*attention*), Sinnvollzug (*meaningfulness*), Relevanz (*relevance*), Überblick (*overview*), gedankliche Verknüpfung/Assoziationsbild (*association*), Engagement (*involvement*), Spacing-Effekt (*spacing*), Erfolgskontrolle (*testing*), Variation der Lernumgebung (*variation*), Visualisierung (*visualisation*).

Schauen wir uns die einzelnen Prinzipien genauer an:

Aufmerksamkeit/Konzentration

Kennen Sie das? Sie lesen eine Seite und stellen am Ende fest, dass Sie gar nicht mehr wissen, was Sie gerade gelesen haben? Wenn wir dem, was wir lernen müssen, nicht genügend Aufmerksamkeit widmen, lernen wir nicht. Wenn wir nur auf Wörter und Zahlen im Lehrbuch starren oder den Unterricht teilnahmslos an uns vorbeirauschen lassen, haben wir noch lange nicht gelernt. Konzentration ist das oberste Prinzip überhaupt, das A und O. Ohne konzentrierte Aufmerksamkeit kann Lernen nicht erfolgen; mangelhafte Konzentration führt zu mangelhaften Leistungen.

Leider ist es unmöglich, sich auf mehr als eine Sache intensiv zu konzentrieren (dazu später mehr). Ein Buch zu lesen und gleichzeitig das Programm im Fernsehen zu verfolgen, oder im Internet zu surfen und gleichzeitig dem Unterricht zu folgen, funktioniert nicht. Wir springen von einer zur anderen Aufgabe hin und her und unterbrechen uns ständig selbst in unserer Konzentration, was dem produktiven Lernen alles andere als förderlich ist.

Sinnvollzug

Hermann Ebbinghaus, ein Pionier auf dem Gebiet der Gedächtnisforschung, kommt zu dem Ergebnis, dass es zehnmal anstrengender ist, etwas zu lernen, was uns unverständlich ist und ohne einen sinnstiftenden Bezug erscheint, als umgekehrt etwas zu lernen, was wir an bereits vorhandenes Wissen sinnvoll anknüpfen können. Moderne Forschungen bestätigen dies: Etwas zu lernen, in dem man keinerlei Sinnzusammenhang erkennt, ist sehr viel schwieriger. Beispiel: 09081965 ist für die meisten Menschen einfach nur eine bedeutungslose Aneinanderreihung von Zahlen, der 09.08.1965 aber, der Tag, an dem Singapur seine Unabhängigkeit erlangte, ist für die

Singapurer jedoch alles andere als bedeutungslos, und daher viel leichter zu merken. Ähnlich verhält es sich mit mathematischen Formeln. Die Formel für die Steigung einer linearen Funktion beispielsweise lautet: $(Y_2\text{-}Y_1)$ dividiert durch $(X_2\text{-}X_1)$. Wenn Sie wirklich verstanden haben, was dahintersteckt (sie repräsentiert die Steigung in einem zunehmenden Verlauf), werden Sie die Formel sehr viel besser behalten können.

Versuchen Sie beim Lernen daher immer, die Lerninhalte möglichst in sinnstiftende Zusammenhänge zu bringen. Organisieren Sie den Lernstoff so, dass Sie ihn besser lernen und behalten können. Beispiel: Wenn Sie eine Liste mit fremdsprachigen Vokabeln in zufälliger Reihenfolge zu lernen haben, darunter Wörter wie »Vater«, »Banane«, »laufen«, »lesen«, »Apfel«, »Kind«, »Orange«, »Mutter«, »schwimmen«, mag es hilfreich sein, die Vokabeln nach Oberbegriffen zu sortieren – »Familie« (Vater, Mutter, Kind), »Obst« (Banane, Apfel, Orange), »Aktivitäten« (laufen, lesen, schwimmen). Das macht die Liste sinnhafter und eingängiger, und die Vokabeln können leichter behalten werden.

Relevanz

Kennen Sie jemanden, der nicht sonderlich intelligent zu sein scheint, aber alles über Fußball, Autos oder Filme weiß? Von Natur aus schenken wir Dingen, die wir interessant oder nützlich finden, mehr Beachtung. Wir sind deutlich motivierter, sie tiefer zu ergründen und nehmen uns vergleichsweise auch mehr Zeit dafür. Dadurch machen wir das erlernte Wissen leichter abrufbar. Vielleicht lesen Sie dieses Buch ja gerade, weil Sie Ihre Lernfähigkeiten verbessern wollen. Sie sind der Meinung, dass dieses Buch »relevant« für Sie ist und Ihnen dabei »nützlich« sein kann. Wenn es darin um die Verbesserung Ihrer Jodel-Fähigkeiten ginge, hätten Sie es wahrscheinlich gar nicht erst gekauft, es sei denn Jodeln ist voll Ihr Ding.

Generell gilt: Wenn Sie etwas Neues lernen, denken Sie kurz darüber nach, inwiefern es Ihnen nützlich oder für Ihre persönlichen Interessen relevant sein könnte.

Überblick

Stellen Sie sich vor, Sie sind als Tourist in Paris und wollen sämtliche Sehenswürdigkeiten abklappern, allerdings ohne die Hilfe anderer Personen und auch ohne einen Stadtplan. Es wird vermutlich darauf hinauslaufen, dass Sie (buchstäblich) planlos umherstreifen, vielleicht zufällig auf die eine oder andere Sehenswürdigkeit stoßen, die meisten aber verpassen.

Sinn und Zweck von Stadtplänen ist es darzulegen, wo sich was in Relation zueinander befindet. Genauso wie so ein Plan hilft, sich in einer unbekannten Gegend zu orientieren, hilft es beim Lernen, sich zunächst einen Überblick über den Lernstoff zu verschaffen. Bestimmt haben Sie schon einmal den einen oder anderen klugen Ratschlag oder schlauen Tipp zu hören bekommen: »Erstmal mit dem neuen Lehrbuch vertraut machen und das Inhaltsverzeichnis lesen« oder »Erstmal ein Kapitel grob überfliegen, und dann ins Detail vertiefen«. Derlei Ratschläge basieren auf dem Rasterprinzip, das einen strukturierten Überblick gibt.

Bevor Sie in ein Thema eintauchen, verschaffen Sie sich zuerst eine Übersicht. Ein Freund von mir nennt dies die »Helikopter-Sicht«. Stellen Sie sich folgende Frage: Wie ist das Thema inhaltlich aufbereitet und gegliedert? Wie hängt das Thema mit den anderen Themen im Seminar zusammen? Was sind die Kerngedanken?

Gedankliche Verknüpfung/Assoziationsbild

Sich neue Fakten und Theorien einzuprägen, fällt leichter, wenn man sie mit bereits vorhandenem Wissen verknüpfen kann. Beispiel: Sie sollen einen Grundriss von Italien und einen von Tschechien zeichnen. Wahrscheinlich tun Sie sich leichter damit, Italien zu zeichnen, da Italien bekanntlich einem Stiefel gleicht – eine bildhafte Assoziation und somit eine schöne Merkhilfe.

Oder stellen Sie sich vor, Sie studieren Spanisch und müssen die spanischen Vokabeln für »Pass« und »Liste« lernen, also »pasaporte« und »lista«. Da diese ihren deutschen Pendants recht ähnlich sind, schaffen sie eine natürliche Assoziation und lassen sich somit leicht merken. Die Assoziationskraft ist auch der Grund, warum es normalerweise sehr viel leichter ist, neue Inhalte in bereits vertraute Themenbereiche einzuarbeiten und zu lernen. Um Ihre Assoziationskraft optimal ausschöpfen zu können, stellen Sie sich folgende Fragen: Was weiß ich bereits über das Thema? Woran erinnert es mich?

Engagement

Forschungsergebnisse zeigen, dass wir umso mehr Wissen ansammeln, je engagierter und aktiver unser Lernverhalten ist. Dieses Prinzip ist weithin anerkannt. Erstmals entwickelt und grafisch dargestellt wurde es von den National Training Laboratories (USA) im sogenannten Konzept der Lernpyramide. Diese Lernpyramide teilt die verschiedenen Lernformen abstufend ein, von extrem passiven (rezeptiven) zu extrem aktiven (dynamischen) Lernformen. Wie wir anhand der Grafik auf der folgenden Seite sehen können, gehören Diskussionen und Übungen zu den aktiven Lernformen, die tendenziell effektiver sind als passive Lernformen wie beispielsweise Lesen. Das heißt aber nicht, dass Lesen und die Teilnahme am Unterricht (Präsenzlernen) nutzlos sind. Aktive Lernformen (Problemlösungen, Diskussionen usw.) setzen üblicherweise einiges an Basiswissen voraus, während passive Lernformen (Unterrichtsteilnahme, Lesen usw.) sich zum Aufbau einer solchen Wissensgrundlage meist sehr gut eignen. Doch mit zunehmenden Fortschritten auf einem Gebiet wird es sich auszahlen, mehr Zeit in aktive Lernformen zu investieren.

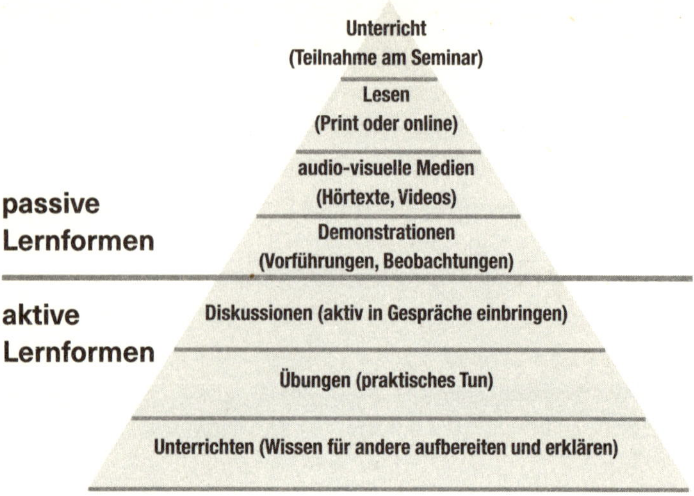

Spacing-Effekt

Nutzen Sie einen einfachen und zuverlässigen Schlüssel zum Lernerfolg, indem Sie Ihre Lernzeit strategisch klug einteilen. Dabei geht es nicht darum, mehr Zeit in das Lernen an sich zu investieren, es geht vielmehr darum, in Intervallen zu lernen, sprich mehr Zeit *zwischen* den Lerneinheiten zu lassen. Kurzum: Es geht um zeitlich verteiltes Lernen, um den »Spacing-Effekt«, wie es in der Fachsprache heißt. Die Verteilung der Lerneinheiten nämlich kann die Erinnerungsleistung an das Gelernte *verdoppeln*. Hermann Ebbinghaus hat dies bereits vor mehr als einhundert Jahren bewiesen, indem er zeigte, dass er eine Liste mit sinnlosen Silben in der Hälfte der Zeit fehlerfrei reproduzieren konnte, wenn er die Lerneinheiten über drei Tage statt über zwei verteilte.

Das liegt daran, dass Wiederholungen viel effektiver sind, wenn man bereits dabei ist, das Gelernte wieder zu vergessen. Beispiel: Sich zehnmal am Tag einzuprägen, dass der Nationale Gesundheitsdienst der USA (National Health Service) 1948 gegründet wurde, bringt nicht so viel, als sich das Datum einmal am Tag über zehn Tage verteilt einzuprägen. Aber wieviel Zeit sollte man zwischen den einzelnen Lerneinheiten lassen? Die einfache Antwort lautet: Genügend Zeit, um dem Vergessen Raum zu geben. Haben Sie übermorgen eine Prüfung? Dann lernen Sie einen Teil heute, den anderen morgen. Ist die Prüfung in zwei Wochen? Dann verteilen Sie Ihr Lernpensum am besten auf mehrere Sitzungen, auf kurzfristige und mittelfristige sowie auf eine letzte unmittelbar vor der Prüfung.

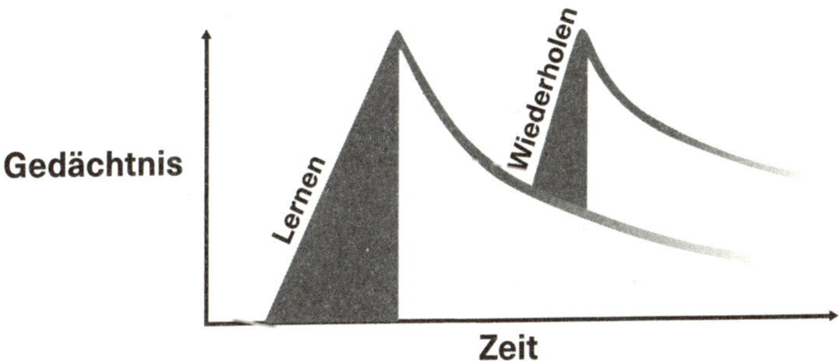

Erfolgskontrolle

Eine der gebräuchlichsten Lernstrategien besteht darin, den Lernstoff durchzulesen, ihn dann nochmal zu lesen und nochmal und nochmal ... In einer Erhebung gaben 80 Prozent der befragten Studenten das wiederholte Lesen als Lernstrategie Nummer Eins an. Doch was gängige Praxis ist, muss noch lange nicht die beste sein. Wie Psychologen heute wissen, ist die Strategie der eigenen Lernerfolgskontrolle sehr viel effektiver, um neu gelerntes Wissen im Langzeitgedächtnis fest abzuspeichern. Sie können sich selbst überprüfen, indem Sie das Gelesene mit eigenen Worten wiedergeben, sich selbst abfragen oder Beispielaufgaben lösen. Ganz recht: Eine Erfolgs- oder Selbstkontrolle des Gelernten ist nicht nur hilfreich, um gute Noten zu erlangen. Eine kritische Selbstüberprüfung sollte vielmehr während des gesamten Lernprozesses erfolgen, um das Lernen an sich erfolgreich zu steuern.

Diese Strategie hat zudem den Vorteil, dass Sie ein sofortiges Feedback bekommen. Sie zeigt Ihnen die Bereiche auf, in denen Sie zu kämpfen haben, damit Sie diese fortan intensiver beackern und Ihre Zeit somit effizienter nutzen können. Aus eben diesem Grund empfehlen Experten, dass Sie gut 50 Prozent Ihrer Lesezeit darauf verwenden, sich selbst zu überprüfen, indem Sie neu gelesene Texte mit eigenen Worten wiedergeben. Allerdings stelle ich fest, dass dies nur wenige Studenten tun, weil es ihnen vermutlich zu langweilig oder zu mühsam ist. Und so lesen Sie den Text einfach noch einmal durch, was zwar bequemer sein mag, schlussendlich aber weniger effektiv. Bedenken Sie: Lesen ist eine der passivste Lerntechniken überhaupt, wie die oben dargestellte Lernpyramide zeigt. Und falls Sie sich schwertun, sich selbst zu motivieren, spannen Sie Eltern oder Kommilitonen ein, Sie aktiv abzufragen.

Variation der Lernumgebung

Interessante Forschungsergebnisse belegen, dass unsere Lernumgebung unseren Lernerfolg beeinflusst: visuelle Reize, Gerüche und Geräusche um uns herum wirken in den zentralen Lerngegenstand hinein. Daher erinnern wir tendenziell mehr und schneiden in Prüfungen besser ab, wenn Umfeld und Kontext der Prüfung unserer gewohnten Lernumgebung entspricht. Beispiel: Sitzen Sie im Unterricht immer in der ersten Reihe ganz rechts neben dem Notausgang, erinnern Sie den gelernten Stoff tendenziell besser, wenn Sie in der Prüfung genau am gleichen Platz sitzen. Weitere interessante Studien zeigen, dass Studenten in einem Gedächtnistest besser abschneiden, wenn die Farbe des Prüfungspapiers die gleiche ist wie die Farbe des Papiers, das beim Lernen benutzt wurde.

Zugegeben, derlei erfolgsbestimmende Faktoren lassen sich schwer lenken, zumal als Student. Oberstes Ziel sollte daher immer sein, das erworbene Wissen möglichst zu behalten, und zwar unabhängig von den Umgebungsbedingungen oder der Farbe des Papiers. Wie? Am besten durch häufige Variation der Lernumgebung. Variieren Sie, wo, wann und wie Sie lernen. So machen Sie Ihren persönlichen Lernerfolg weniger abhängig von Umgebung und Kontext.

Visualisierung

Wie fällt Ihre Antwort auf die folgende Frage aus: Wie viele Fenster hat Ihr Wohnzimmer? Wahrscheinlich sehen Sie jetzt prompt ein Bild von Ihrem Wohnzimmer vor sich und zählen die Fenster ab. Warum erzähle ich Ihnen das? Weil wir uns Dinge leichter merken und einprägen können, wenn wir ein Bild dazu haben. Unser Gehirn hat ein starkes Bildgedächtnis und kann gespeicherte Bilder in Sekundenschnelle abrufen und verarbeiten. Wird man hingegen gefragt, welcher Buchstabe im Alphabet direkt vor dem »x« kommt, dauert es länger, die richtige Antwort zu finden. Die meisten Menschen nämlich können das Alphabet nicht visualisieren, da es sehr abstrakt ist, und wir in aller Regel eine auditive Erinnerung daran haben und keine visuelle. Bis wir die richtige Antwort auf die Frage gefunden haben (»w«), gehen wir gedanklich die alphabetische Buchstabenreihe durch, beginnend mit »a« oder irgendwo weiter hinten Richtung »x«. Wir werden später noch einmal ausführlich auf spezielle Visualisierungstechniken zu sprechen kommen.

KURZ UND KNAPP

GRUNDPRINZIPIEN DES LERNENS

- Konzentration (Aufmerksamkeit) ist die Grundvoraussetzung für jedes erfolgreiche Lernen. Sich auf mehrere Dinge gleichzeitig zu konzentrieren, geht nicht. Wenn Ihre Aufmerksamkeit nicht allein auf das fokussiert ist, was es gerade zu lernen gilt, werden Sie sich später an nicht viel davon erinnern, wenn überhaupt.
- Weitere Techniken, die das Lernen einfacher und effektiver machen sind: Sinnvollzug (*meaningfulness*), Relevanz (*relevance*), Überblick (*overview*), gedankliche Verknüpfung/Assoziationsbild (*association*), Engagement (*involvement*), Spacing-Effekt (*spacing*), Erfolgskontrolle (*testing*), Variation der Lernumgebung (*variation*), Visualisierung (*visualisation*).

GRUNDPRINZIPIEN DES VERSTEHENS

Verständiges Lernen und Erinnerungsvermögen (will heißen, das Verstehen von Zusammenhängen und das Erinnern des Erlernten) sind eng miteinander verknüpft. Umso besser und gründlicher wir etwas verstehen, umso leichter können wir es erinnern.

Verständnisebenen

»Verstanden?«, fragen wir oft. Doch der Verstehensprozess folgt keinem binären Konzept, und so kann die Frage nicht mit einem einfachen »Ja« oder »Nein« beantwortet werden. Er läuft auf verschiedene *Verständnisebenen* ab, die es zu betrachten gilt. Etwas verstanden zu haben, ist vordergründig nicht das gleiche wie ein fundiertes Verständnis für eine Sache zu haben. Man kann »verstehen«, wie ein Computer funktioniert, aber nicht ebenso gut, wie ein Informatiker es vermag. Die Zeit, die Sie investieren, um eine Sache in ihrer Tiefgründigkeit zu begreifen, ist darum überaus wichtig.

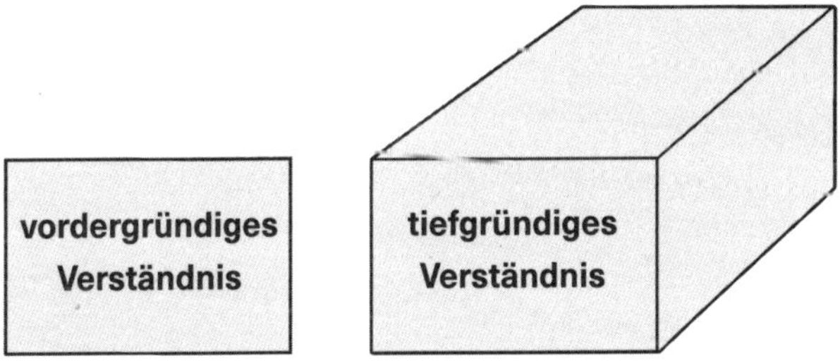

... wissen, wann's drauf ankommt

Universitäten legen, anders als Schulen, den Fokus sehr viel stärker auf die Überprüfung von tiefergehendem Wissen, das hier von übergreifender Bedeutung ist. Manchmal aber mangelt es schlicht an der nötigen Zeit, den Lernstoff in aller geforderten Detailtiefe zu erarbeiten. Wer ein paar einfache Faustregeln kennt, weiß, in welchen Situationen es darauf ankommt, tiefer einzutauchen.

Die verschiedenen Schwierigkeitsstufen sind dabei eine wichtige Dimension. Grundlegende Konzepte in Fächern wie Mathematik, Statistik, Physik, Chemie oder Makroökonomie sind zumeist schwerer zu verstehen als Lernstoffe in Geschichte oder Marketing, denn sie bauen auf anderen Wissenskonzepten oder hängen mit ihnen zusammen. Zum Beispiel ist die Integralrechnung nur schwer zu verstehen, ohne die Differenzialrechnung verstanden zu haben. Grundlegende Zusammenhänge auf einem Gebiet müssen also erst gründlich verstanden sein, ehe man sich auf das nächste begibt.

Doch welche Verständnisebene Sie zum Ziel haben sollten, ist auch davon abhängig, wofür Sie die erlangten Einsichten nutzen wollen. Zuweilen genügt ein vordergründiges Verständnis, »um gut durchs Leben zu kommen«. Ein typisches Beispiel dafür wäre die Anwendung der Kreiszahl *Pi* ($\pi = 3{,}14$) samt der entsprechenden Formeln zur Berechnung von Kreisumfang ($U = 2\,\pi\,r$) und Kreisfläche ($A = \pi \cdot r^2$). Was genau es mit diesem *Pi* auf sich hat, könnten Sie vermutlich gar nicht sagen, kommen wohl aber auch nie in die Verlegenheit, es sei denn Sie belegen Geometriekurse für Fortgeschrittene.

Wenn es viel Zeit und Energie kostet, sich tiefere Zusammenhänge zu erarbeiten, ohne die Sie vermutlich aber genauso gut durchs Leben kommen, sollten Sie überlegen, ob Sie diese Energie nicht besser anderweitig investieren. Fassen wir also zusammen:

Tiefer eintauchen, ist unerlässlich, wenn ...

- der Lernstoff andernfalls nur schwer zugänglich ist.
- der Lernstoff einen Grundbaustein für spätere Module bildet.
- der Lernstoff eine unabdingbare Voraussetzung für Ihre beruflichen oder anderweitigen Ziele darstellt.

- in Prüfungen/Tests verlangt wird, Konzepte nicht nur erklären, sondern auch anwenden zu können, um neue Problemstellungen zu lösen.
- Prüfungen/Tests bis tief ins Detail gehen, wie es in mündlichen Prüfungen oft der Fall ist.

Tiefer eintauchen, kann man sich schenken, wenn ...

- das Erlangen von tiefergehendem Wissen extrem zeitaufwändig und vorläufig nicht vonnöten ist.
- der Lernstoff nicht entscheidend für Ihre späteren beruflichen Ziele ist.
- vor der Klausur nicht genügend Zeit zur Verfügung steht, um ein tieferes Verständnis zu erlangen und die Zeit besser anderweitig investiert werden kann.

Schritt für Schritt (besser) verstehen lernen

Um tiefer einsteigen zu können, muss man sich zunächst das notwendige Grundlagenwissen aneignen. Danach heißt es abwechselnd: Lesen, Diskutieren, Üben (wie unten dargestellt).

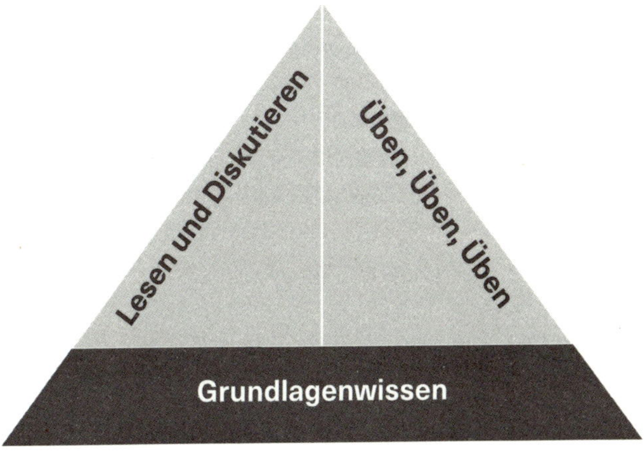

Grundlagenwissen

In der deskriptiven Statistik kann das Konzept der Standardabweichung definiert sein als »ein Streuungsmaß in einer Population oder einer Stichprobe«. Es ist also unmöglich zu verstehen, was eine Standardabweichung ist, ohne zuerst verstanden zu haben, was »Population«, »Stichprobe« und »Streuung« sind. Verstehen baut auf bereits vorhandenem Wissen auf, allein die bloße Erinnerung daran genügt nicht. Um Inhalte auf der fortgeschrittenen Lernebene zu verstehen, ist es unabdingbar, die zugehörigen Begriffe und Konzepte zu verstehen, sprich das, was in der nebenstehenden Grafik als Grundlagenwissen bezeichnet ist. Erst dann sind Sie in der Lage, tiefer in ein bestimmtes Thema einzutauchen. Ich persönlich glaube ja, dass genau das der Grund ist, warum sich viele Studenten mit Mathematik so verdammt schwertun und gegen Mathelücken zu kämpfen haben. Sie hinken den Grundlagen hier und da hinterher und verstehen die weiterführenden Konzepte nie wirklich, da diese solide Grundkenntnisse voraussetzen.

Manchmal besteht das Problem nicht darin, dass wir die Grundlagen nicht verstanden haben, wir haben sie im Laufe der Zeit einfach bloß vergessen. Sie wieder aufzufrischen, ist keine Schande! Als ich mein Mathestudium an der Universität begann, war mein letzter Mathematikunterricht zwei Jahre her, und ich hatte eine ganze Menge davon vergessen. Doch anstatt mich davon entmutigen zu lassen oder mir einzubilden, ich bräuchte keine Auffrischung, holte ich meine alten Bücher raus und wiederholte den vergessenen Stoff. So tat ich mich im Studium wesentlich leichter, neue komplexe Zusammenhänge zu lernen und zu verstehen.

Lesen und Diskutieren

Um neue Konzepte zu verstehen, sollten Sie Lehrbücher und andere Quellen wie online-Materialien heranziehen und den Lernstoff mit einem Kommilitonen oder Ihrem Dozenten diskutieren. Vergessen Sie nicht, die »Grundprinzipien des Lernens« (Überblick, Aufmerksamkeit/Konzentration, Visualisierung usw., wie oben vorgestellt) aktiv zu nutzen und neue Lernstoffe mit bereits vorhandenem Wissen zu verknüpfen, um sie in einen größeren Sinnzusammenhang und einen Kontext zu stellen. Beherzigen Sie auch die folgenden Tipps, um Ihren Lernerfolg zu maximieren.

- **Suchen Sie nach mehreren Erklärungen.** Oft ist *ein* Beispiel oder *eine* Erklärung nicht genug, um ein tiefes Verständnis zu erlangen. Oder die Beispiele aus dem Lehrbuch oder Seminar sind schlecht und dem Verständnis nicht eben förderlich. In beiden Fällen ist es durchaus klug, nach weiteren Erklärungen zu suchen. Sie können hierzu verschiedene Bücher zu Rate ziehen, jemanden bitten, Ihnen den Stoff zu erklären oder im Netz recherchieren, wo Sie sehr wahrscheinlich vielerlei Erklärungen finden werden, die mitunter auch audio-visuell aufbereitet sind.
- **Versuchen Sie, bildhaft zu lernen**. Wie heißt es in einem alten Sprichwort so schön? »Ein Bild sagt mehr als tausend Worte« – wohl wahr. Zumal, wenn es um das Verständnis komplexer Sachverhalte geht. Manchmal sind »Worte« eben nicht genug. Suchen Sie in Büchern und im Internet nach bildlichen Darstellungen und/oder Videos, die den Stoff anschaulich machen.
- **Schlafen Sie drüber**. Wie Studien zeigen, lernt unser Gehirn weiter, während wir schlafen und fördert so unser Verständnis buchstäblich im Schlaf. Forscher legten einer Gruppe von Probanden eine lange, mehrstellige Zahlenreihe vor, in der die einzelnen Ziffern nach einer bestimmten Regel angeordnet waren. Aufgabe der Probanden war es, diese Regel zu ermitteln. Zunächst schafften es nur wenige Probanden, die gesuchte Regel auf Anhieb zu entdecken. Nachdem sie aber eine Nacht darüber geschlafen

hatten, waren sehr viel mehr Probanden imstande, die korrekte Lösung zu geben.

Das bedeutet: Wenn Sie sich den ganzen Tag lang an einer schwierigen Aufgabe erfolglos die Zähne ausgebissen haben, kann es durchaus hilfreich sein, eine Nacht lang darüber zu schlafen und es am nächsten Tag aufs Neue anzugehen.

Üben, Üben, Üben ...

Um Ihren Lernerfolg zu maximieren, lösen Sie so viele Aufgaben wie möglich. Oder überlegen Sie sich, was Sie wissen müssen, und üben Sie sich darin, den Lernstoff in eigenen Worten darzulegen. Formulieren Sie dabei so klar und einfach wie möglich, sodass auch andere leicht folgen könnten. Lassen Sie sich eigene Beispiele einfallen, die Ihre Erklärungen stützen. Komplizierte Konzepte lassen sich durch kurze Wiederholungen meist gut auffrischen und verankern.

KURZ UND KNAPP

GRUNDPRINZIPIEN DES VERSTEHENS

- Der Verstehensprozess folgt keinem binären Konzept, sondern läuft auf vielschichtigen Ebenen ab. Je tiefer das eigene Verständnis für einen Lernstoff ist, desto leichter fällt es, ihn zu lernen und auf neue Situationen und Aufgabenstellungen anzuwenden.
- Um einen Lernstoff vertiefen zu können, müssen Sie zunächst (1) die Grundkonzepte und Grundannahmen verstanden haben, (2) den Lernstoff lesen und mit anderen diskutieren und (3) ihn durch Anwendungen üben. Bearbeiten Sie verwandte Aufgaben, und versuchen Sie, Ihr neu erworbenes Wissen zu nutzen. Auch Schlaf kann dem Verstehen förderlich sein. Komplexe Stoffe können wiederholtes Üben nötig machen.

ALLEIN LERNEN UND/ODER MIT ANDEREN

... MIT SICH ALLEIN IM STILLEN KÄMMERLEIN

Ein Großteil unserer Lernzeit verbringen wir allein – ackern kapitelweise Lehrbücher durch, machen Hausaufgaben oder bereiten uns auf Prüfungen vor. Um das Optimum aus solchen Solo-Sitzungen herauszuholen, kommt es darauf an, maximal konzentriert zu sein und Pausen strategisch sinnvoll zu nutzen.

Konzentration

Wie wir bereits wissen, sind Aufmerksamkeit und Konzentration wichtige Grundprinzipien des Lernens. Wenn wir uns gut konzentrieren, kommen wir in einen geistigen Zustand, in dem wir höchst fokussiert und auch produktiv sind. Doch wie gut wir uns konzentrieren können, wird beeinflusst von inneren und äußeren Faktoren. Wir konzentrieren uns deutlich leichter, wenn wir

- uns motiviert fühlen
- uns für den Lernstoff interessieren
- nicht durch innere Faktoren abgelenkt werden (beispielsweise durch Angst, Langeweile oder andere Empfindungen)
- nicht durch äußere Faktoren abgelenkt werden (beispielsweise durch visuelle Reize, Geräusche, schlechte Luft)
- und wenn körperliche Bedürfnisse befriedigt sind.

Bis ein Höchstmaß an Konzentration erreicht ist und wir völlig im Lernstoff vertieft sind, dauert es ein Weilchen – Pi-mal-Daumen bis zu 20 Minuten.

Tageszeit

Ein anderer Faktor, der die Konzentrations- und Leistungsfähigkeit beeinflusst, ist die Tageszeit. Ich persönlich bin morgens leicht unruhig und gereizt, abends dafür entspannt und gelassen. Meine Lernzeiten versuche ich daher nach Möglichkeit in den Abend zu legen. Entsprechend der gleichen Logik sollten die frühen Vögel unter uns, die schon am Morgen vor Energie sprühen, diese Zeit nutzen, um produktiv zu arbeiten. Wenn möglich, sollte jeder versuchen, den Tagesablauf so einzuteilen, dass die Lernzeiten zur persönlichen Konzentrations- und Leistungskurve passen.

Lernplatz

Solange Sie konzentriert und effektiv arbeiten können, sprich frei von Störquellen und Ablenkungen, ist es ganz egal, ob Sie zu Hause, in der Bibliothek, im Studiensaal oder in einem Seminarraum lernen. Der Konzentration förderlich sind überdies:

- ein ausreichend großer Arbeitsplatz
- ein bequemer Stuhl
- eine gute Lichtquelle (die Augen ermüden schneller bei schlechter Beleuchtung)
- eine gute Belüftung/Frischluftzufuhr (gute Luftqualität)
- Zugang zu allen benötigten Arbeitsmaterialien (Bücher, Wörterbücher/Lexika, Schreibwerkzeuge, Drucker etc.)

Der eine lernt am besten daheim am eigenen Schreibtisch, da er sich in der Bibliothek oder im Studiensaal schnell abgelenkt fühlt. Der andere tickt genau anders herum, hat beim Lernen gerne seine Kommilitonen um sich und fühlt sich davon ganz und gar nicht abgelenkt. Wieder andere setzen sich zum Lernen gerne in die Cafeteria oder ein Café und blenden den Trubel ringsum einfach aus. Jeder muss selbst herausfinden, wo er am effektivsten arbeiten kann. Haben Sie mehrere bevorzugte Orte zum Lernen, wechseln sie zwischendurch ab (Variation der Lernumgebung [*variation*], s. oben).

Die richtige Körperhaltung

Die ideale Körperhaltung für lange Stunden am Schreibtisch ist eine aufrechte, gerade Sitzhaltung. Die Füße sollten vollständig auf dem Boden oder einer Fußbank stehen und die Arme auf dem Tisch parallel zum Boden locker aufliegen. Beim Lesen sollte das Buch auf dem Tisch in einem 45-Grad-Winkel zu den Augen positioniert werden. Laut Leseexperte Peter Kump ist dies der Idealwinkel (siehe Abbildung).

Vermeiden Sie es, im Bett zu lernen. Ich kenne niemanden, der im Bett effektiv lernen kann. Außerdem riskieren Sie Schlafstörungen, da Ihr Gehirn anfängt, das Bett nicht mit Ruhe, sondern mit Arbeit zu assoziieren.

Musik

Wie Musik das Lernverhalten beeinflusst, darüber scheiden sich die Geister. Mein Ratschlag daher: Finden Sie für sich selbst heraus, ob Musik Sie beim Lernen stört oder nicht. Ich persönlich kann nicht konzentriert lesen, wenn gleichzeitig Musik läuft. Wenn ich aber nur Notizen mache oder eine Aufgabe eben mal zu Ende führe, klappt das auch mit Musik ganz gut – und mit Instrumentalmusik eher als mit Pop- oder anderer Vokalmusik. Einzig, wenn ich irgendwo bin, wo ohnehin eine laute Geräuschkulisse herrscht, hilft Musik mir beim konzentrierten Lesen. In solchen Fällen finde ich Musik weniger störend als alle anderen Geräusche.

Lernpausen

Machen Sie mal Pause! Pausen sind aus zwei Gründen wichtig: Kopf und Augen können entspannen, und das Gehirn hat Zeit, das Gelernte zu verarbeiten. Doch manche Pausen sind effektiver als andere. Damit die grauen Zellen den gelernten Stoff in den Pausen bestmöglich verarbeiten können, sollte man auf digitalen Konsum wie Fernseher, Internet und dergleichen tunlichst verzichten, sagen die einen. Die anderen wiederum raten, kurz vor dem Schlafengehen zu lernen. Gleichwohl können gezielte Beschäftigungen in den Pausen helfen, den Kopf frei zu bekommen, neue Energie zu tanken und die Motivation anzuschieben. Es liegt ganz an Ihnen, wie Sie Ihre Lernpausen optimal für sich nutzen.

Wie lange soll die Pause sein?

Eine Pause muss nicht zwangsläufig lang sein, um dem Gehirn Zeit zu geben, das gelernte Wissen auch zu verarbeiten. Zwei Minuten können schon ausreichen. Doch um den Kopf wirklich frei zu kriegen, braucht es mitunter längere Pausen. Ich empfehle Lernpausen von 5 bis 15 Minuten.

Wie lange soll die Lernzeit zwischen den Pausen sein?

Haben Sie sich je gefragt, warum eine Unterrichtseinheit in fast allen schulischen und universitären Einrichtungen zwischen 45 und 60 Minuten dauert? Psychologen haben herausgefunden, dass die ideale Unterrichtsdauer ungefähr 50 Minuten beträgt. Ist der Unterricht kürzer, braucht es zu viel Zeit, um in den richtigen Lernmodus zu kommen. Ist der Unterricht länger, verlieren die Lernenden die Konzentration. Offizielle Empfehlungen sprechen sich daher für Unterrichtseinheiten von jeweils 50 Minuten aus, gefolgt von einer 10-minütigen Pause.

Bedenken Sie aber: Auch wenn Unterrichtseinheiten von 45 bis 60 Minuten als ideal gelten, heißt dies nicht, dass die empfohlene Lernzeit auch dann optimal ist, wenn Sie für allein im stillen Kämmerlein vor sich hin büffeln. Die 50-Minuten-Regel zieht zum Beispiel die Komplexität des Lernstoffs, die individuelle Motivation oder das persönliche Energieniveau nicht in Betracht. Wenn der Lernstoff leicht lernbar ist und Sie voller Energie und Motivation in die Lernphase starten, spricht überhaupt nichts gegen eine durchgängige Sitzung von über 50 Minuten. Ist der Stoff hingegen nur schwer lernbar, tut es gut, öfter mal kleinere Pausen einzulegen. Durchgängige Lerneinheiten, ohne eine Pause zu machen, können ohne weiteres zwischen 15 Minuten und zwei Stunden liegen. Eine einfache Richtlinie lautet: Sobald Sie merken, dass die Konzentration nachlässt, wird es Zeit für eine Pause! (... außer zu Beginn der Lernsitzung, wo es ganz normal ist, dass es eine Weile braucht, um konzentriert in die Gänge zu kommen).

KURZ UND KNAPP

... ALS EINZELKÄMPFER IM STILLEN KÄMMERLEIN

- Konzentration ist hier das A und O und klappt am besten, wenn Sie voller Energie und hochmotiviert sind. Achten Sie darauf, dass Sie unabgelenkt und störungsfrei arbeiten können.
- Sorgen Sie für einen ausreichend großen Arbeitsplatz, eine optimale Beleuchtung und einen ungehinderten Zugang zu allen benötigten Materialien.
- Pausen sind wichtig, um das Gelernte sacken zu lassen und Kopf und Augen eine Auszeit zu gönnen. Pausieren Sie alle 50 Minuten oder je nach Bedarf, abhängig vom persönlichen Energieniveau oder Schwierigkeitsgrad des Lernstoffs.

LERNEN IM UNTERRICHT

Während Lehrbücher recht umfassend sein können, decken Seminare oft nur Kernthemen ab. In diesem Kapitel werden wir uns daher ansehen, wie Sie das Optimum aus dem Unterricht herausholen können.

Aufmerksamkeit

Erinnern wir uns noch einmal an das Lernprinzip der Aufmerksamkeit und Konzentration. Ohne Konzentration kein Lernerfolg! Das bedeutet, dass wir uns nicht auf Handy und Unterricht gleichzeitig konzentrieren können, auch wenn wir das meinen. Wenn Sie im Unterricht etwas lernen wollen, müssen Sie Ihre Aufmerksamkeit zu einhundert Prozent darauf richten.
Meine Nichte, die in Deutschland Biologie studiert, erzählte mir einmal, mit welchem kreativen Trick sie sich behilft, um im Unterricht voll dabei zu sein und den oft hochkomplexen Themen unabgelenkt folgen zu können: Vor Beginn der Vorlesung tauscht sie mit einer Freundin das Handy, stellt es auf Flugmodus und tauscht es erst am Ende der Veranstaltung wieder zurück.

Engagement

Aktives Engagement macht eine ganze Menge aus! Auch wenn das Lernen im Unterricht generell eine eher passive Lernweise darstellt, können Sie sich aktiv einbringen, indem Sie zum Beispiel Fragen stellen oder sich überlegen, ob Sie die Kerninhalte auch wirklich verstanden haben und den Ausführungen des Dozenten folgen können.

Innere Einstellung

Wenn wir uns nicht sonderlich für den Lernstoff interessieren, lehnen wir uns zurück, fläzen auf dem Stuhl oder stützen den Kopf in die Hände. Ja, unsere Körpersprache spiegelt unsere innere Einstellung. Doch zeigt dieser Zusammenhang nicht nur in eine Richtung, wie viele Psychologen heute meinen. Unsere Körpersprache, so sagen sie, spiegelt oder verstärkt nicht nur unsere innere Haltung, nein, wir können sie ebenso gut nutzen, um unsere Einstellung zu *ändern*.

Beispiel: Wer sich matt und niedergeschlagen fühlt, sich dennoch aber ein Lächeln abzwingt, erhellt damit sein Gemüt. Unser Gehirn nämlich assoziiert ein Lächeln mit positiven Dingen. Anderes Beispiel: Wer sich leicht unsicher oder unterlegen fühlt, trotzdem aber Wert auf eine aufrechte Haltung legt nach dem Motto Rücken gerade, Brust raus, Kopf hoch, stärkt damit sein Selbstbewusstsein, denn unser Gehirn assoziiert eine solche Haltung mit einem Gefühl der Selbstsicherheit und Selbstüberzeugung.

Wie aktuelle Studien zur Körperhaltung zeigen, sind wir insgesamt aufnahmefähiger, wenn wir mit dem Rücken gerade sitzen, leicht nach vorn gebeugt und mit einem Stift in der Hand. Grund: Unser Gehirn kommt durcheinander, wenn wir ihm Aufmerksamkeit abfordern, dabei aber eine laxe, uninteressierte Haltung einnehmen.

Der richtige Sitznachbar

Viele Dinge gleichzeitig zu machen, ist nicht so produktiv, wie wir meinen, und wie wir inzwischen alle wissen, kann sich unser Gehirn immer nur auf eine Aufgabe gut konzentrieren. Wenn Sie sich also vorgenommen haben, im Unterricht zu glänzen, aber neben unmotivierten Leuten sitzen, die Sie ständig abzulenken versuchen, ist das keine gute Strategie. Es gibt also nur einen probaten Weg: Halten Sie sich an Kommilitonen, die interessiert bei der Sache sind und Ihnen einzelne Punkte gegebenenfalls auch erklären, Sie motivieren und mitziehen können.

Der richtige Sitzplatz

Die besten Plätze sind die in den vorderen Reihen, nicht allzu weit hinten. Von hier aus sind Tafel, Whiteboard und Bildschirme gut zu sehen, und Sie können den Dozenten gut hören. Außerdem werden Sie weniger abgelenkt sein, da vergleichsweise weniger Studenten direkt vor Ihnen sitzen, die aller Wahrscheinlichkeit nach wohl ebenfalls hochmotiviert sind (wie oben dargelegt).

Gut vorbereitet sein

Viele Studenten fragen sich, ob sie besser *vor* oder *nach* dem Unterricht einen Blick ins Lehrbuch werfen sollen. Mein Tipp: Wenn Sie einem hochkomplexen Stoff im Seminar nur schwer folgen können, sollten Sie sich vorher definitiv einlesen. Gute Vorbereitung zahlt sich im Unterricht aus. Wenn Sie hingegen problemlos mitkommen, können Sie sich das Lehrbuch auch im Anschluss vornehmen. Und wenn Sie ohnehin nicht viel Zeit haben, sollten Sie die Kurse, die Ihnen am allerschwersten fallen, bewusst priorisieren und intensiv vorbereiten.

Eine Freundin von mir, die Geschichte studierte, hat mir einmal erklärt, wie sie sich immer vorbereitet: »Ich habe gar keine Zeit, mir vor jedem Seminar sämtliche relevanten Kapitel durchzulesen. Normalerweise lese ich aber die Zusammenfassungen und überfliege die einzelnen Lektionen. So weiß ich wenigstens in etwa, worum es gehen wird, was im Unterricht selbst dann ungemein praktisch ist.«

Schwänzen

Wenn in den Seminaren keine Präsenzpflicht herrscht (wie an Universitäten oder Fachhochschulen) und Sie das Gefühl haben, dass Sie dort ohnehin nicht viel dazulernen, sollten Sie erwägen, diese Zeit zum Eigenstudium zu nutzen. Versuchen Sie den Lehrplan zu erfüllen, indem Sie etwa die Lektüren lesen, Hausaufgaben machen, an Lerngruppen teilnehmen und ähnliches. Einziger Nachteil: Die Dozenten geben im Unterricht oft wertvolle Tipps im Hinblick auf die Prüfungen. In diesem Fall ist es ratsam, sich nach dem Seminar mit den Mitstudenten auszutauschen, um immer auf dem neuesten Stand zu sein. Eine ebenfalls bewährte Methode ist es, sich in kleinen Gruppen zusammenzutun und im rotierenden Wechsel am Unterricht teilzunehmen.

KURZ UND KNAPP

LERNEN IM UNTERRICHT

- Achten Sie auf eine positive und interessierte Haltung; das macht Sie aufnahmefähiger.
- Setzen Sie sich in die vorderen Reihen, sodass Sie Whiteboard, Tafel oder Bildschirme gut sehen können und nicht von zu vielen anderen Studenten, die vor Ihnen sitzen, abgelenkt werden.
- Setzen Sie sich möglichst neben Studenten, die hochmotiviert sind und Sie nicht ablenken.
- Bereiten Sie sich auf den Unterricht vor, indem Sie sich vorab einen Überblick über die relevanten Themen verschaffen, die entsprechenden Kapitel im Lehrbuch überfliegen oder Karteikärtchen heraussuchen, um Wissensteile zu wiederholen. Das ist besonders wichtig, wenn Sie Mühe haben, mit dem Lernstoff Schritt zu halten.

LERNPARTNER/LERNGRUPPE

Ein Lernpartner oder eine Lerngruppe können unglaublich hilfreich sein. Das Lernen zu zweit oder in der Gruppe kann motivieren und beitragen, komplizierte Inhalte zu erhellen, macht Spaß und ist ein echter Effizienz-Booster.

Als ich an der University of California in Berkeley Organisationstheorie studierte, kamen zum ohnehin enorm umfangreichen und anspruchsvollen Wochenstundenplan noch jede Menge Hausarbeiten dazu. Diese Hausarbeiten alleine zu bewältigen, stellte eine echte Herausforderung dar, und so schloss ich mich einer Lerngruppe an. Wir trafen uns regelmäßig, machten Hausarbeiten zusammen und halfen einander, schwierige Konzepte zu verstehen. Das sparte haufenweise Zeit, während wir unsere Kenntnisse verbesserten und Fortschritte erzielten.

Ich erinnere mich zum Beispiel, dass ich mich mit einem Artikel über Isomorphie in der Soziologie herumquälte. Auch nach zweimaligem Lesen verstand ich nur Bahnhof. Einer in der Lerngruppe jedoch hatte den Artikel begriffen und konnte mir die Kerngedanken rasch erklären.

Mit anderen zusammen zu lernen, fördert den Austausch und die Diskussion. Mit anderen zu diskutieren und ihnen Inhalte zu vermitteln, sind aktive Lernformen (siehe oben unter »Engagement«). Und auch die soziale Komponente einer Lerngruppe, in der man sich gegenseitig hilft, ist nicht von der Hand zu weisen. Ist zum Beispiel einer krank und verpasst ein Seminar, wird er von den anderen auf dem neuesten Stand gehalten.

Doch Lernpartner oder Lerngruppe können auch unproduktiv sein, denn so eine Lernstunde wird schnell auch mal verquatscht. Wenn die meiste Zeit mit anderen Dingen als mit Lernen verplempert wird, lernt man besser alleine.

Lerngruppe: Tipps für den optimalen Lernerfolg

1. Alle Mitglieder der Gruppe sollten motiviert sein, in etwa auf dem gleichen Wissensstand und keine zu großen Unterschiede in Lern- und Leistungsfähigkeiten aufweisen. Nicht jeder in der Gruppe muss gleich stark sein, aber wenn die Diskrepanzen untereinander zu groß sein, wird das gemeinsame Lernen nicht sehr effektiv sein.
2. Achten Sie auf die Größe der Gruppe. Zwei bis vier Mitglieder in der Gruppe sind ideal, höchstenfalls sechs. Sind es mehr, sollte die Gruppe aufgeteilt werden.
3. Legen Sie vor jeder Sitzung gemeinsam fest, wie viel von welchem Stoff Sie in wie viel Zeit schaffen wollen. Ohne einen solchen Fahrplan verliert man sehr leicht den Fokus oder verzettelt sich in Details.

Wie sieht die perfekte Lerngruppe aus?

So organisieren Sie sich richtig:

- Teilen Sie die Themen untereinander auf. Jeder bekommt einen Teilbereich zugewiesen, bereitet ihn auf und hält seine Ergebnisse fest. Danach kommt die Gruppe wieder zusammen, die Einzelergebnisse werden zusammengetragen und in der Runde diskutiert.
- Lösen Sie gemeinsam Aufgaben aus alten Klausuren. Wenn einer nicht weiterkommt, können ihm die anderen helfen.
- Fragen Sie sich vor der Prüfung gegenseitig ab.

KURZ UND KNAPP

LERNPARTNER/LERNGRUPPE

- Lernen in der Gruppe kann sehr effektiv sein, solange Sie auch wirklich lernen und sich nicht nur in geselliger Runde verquatschen.
- Legen Sie vorab fest, welches Thema Sie bearbeiten wollen und wie lange die Lernsitzung dauern soll.
- Halten Sie die Gruppengröße klein: zwei bis sechs Personen sind ideal.

LESETECHNIKEN

LESEN

Beim effektiven Lesen geht es nicht darum, wie schnell Sie lesen. Es geht darum, wichtige Inhalte herauszufiltern und sie auch zu behalten. Effektives Lesen bemisst sich nicht daran, wie schnell Sie die Seiten blättern, oder wie viel Zeit Sie brauchen, bis Sie ein Kapitel durchhaben. Wer eine hohe Lesegeschwindigkeit hat, ist im Vorteil, klar, aber nur wenn Textverständnis und Merkfähigkeit nicht darunter leiden.

Effektives Lesen

Beim Lesen ist es wichtig, die folgenden Lernprinzipien anzuwenden:

- **Überblick:** Wenn Sie sich ein neues Lehrbuch vornehmen, lesen Sie zuerst das Inhaltverzeichnis, um sich mit den Themen des Buchs vertraut zu machen und sie in einen Kontext zu stellen. Werfen Sie auch einen Blick auf die Quellenangaben (Stichwortverzeichnis, Anhang und dergleichen).
- **Aufmerksamkeit/Konzentration:** Sperren Sie optische und akustische Reize weitestgehend aus. Konzentrieren Sie sich voll und ganz auf das Lesen.
- **Engagement:** Lesen Sie aktiv. Stellen Sie sich immer wieder die Frage: Was ist wichtig und warum?
- **gedankliche Verknüpfung/Assoziationsbild**: Nachdem Sie eine Idee oder einen Abschnitt gelesen haben, stellen Sie sich die Frage: Was weiß ich bereits darüber?
- *Relevanz*: Versuchen Sie zu erkennen, inwiefern das Gelesene Ihnen nicht nur zu besseren Noten, sondern auch ganz allgemein zu wertvollen Einsichten und Fachkenntnissen verhelfen kann.

Machen Sie Anmerkungen, indem Sie Textstellen mit einem Leuchtstift hervorheben, sich handschriftliche Notizen machen oder eine sogenannte Mind-Map anfertigen (später mehr dazu).

Lesetechnik optimieren mit der SOAR-Strategie

Eine gute Lesetechnik hilft, die Grundprinzipien für effektives Lernen während des Lesens umzusetzen. Die älteste Methode stammt aus dem Jahr 1946 und trägt den Namen SQ3R, ein Akronym für *Survey* (Überblick gewinnen), *Question* (Fragen), *Read* (Lesen), *Recite* (Wiedergeben) und *Review* (Rückblick). Fast alle später entwickelten Strategien basieren darauf, darunter auch die sogenannte **SOAR-Strategie** (SOAR = Survey, Outcome, Associate, Recite), wie nachfolgend erläutert:

Survey (Überblick). Verschaffen Sie sich einen schnellen Überblick über das Kapitel. Lesen Sie Einleitung, Überschriften, Zwischenüberschriften, das Fettgedruckte und die Zusammenfassung. Verbringen Sie damit nicht mehr als fünf Minuten.
Outcome (Lernziel). Bevor Sie mit dem Lesen beginnen, machen Sie sich klar: Welchen Lernzweck verfolge ich? Was will ich herausfinden? Was werde ich danach gelernt haben? So setzen Sie sich selbst ein Lernziel.
Associate (Assoziation). Stellen Sie sich zwischendurch immer wieder folgende Fragen: Was weiß ich bereits über das Thema? Welche gedanklichen Verknüpfungen kann ich bilden?
Recite (Wiedergeben). Versuchen Sie, das Gelesene mit eigenen Worten wiederzugeben. Stellen Sie sich folgende Frage: Was habe ich gerade gelesen? Wenn Sie diese Frage nicht ausreichend gut beantworten können, blättern Sie zurück und lesen noch einmal. Leseexperten empfehlen, bis zu 50 Prozent der Lesezeit mit dem inhaltlichen Wiedergeben zu verbringen.

Effektives Referenzieren

Wenn Sie ein bestimmtes Buch häufig als Referenzwerk verwenden, entweder um Glossare oder Stichwörter zu überprüfen, oder um Querverweise zu erstellen, ist es ratsam, die meistgebrauchten Seiten zu markieren. Machen Sie wichtige Seiten mit Haftzetteln oder Papierklammern kenntlich. Das spart Zeit, wenn man mal wieder etwas nachschlagen muss.

Man muss nicht ALLES lesen!

Manche Studenten haben ein schlechtes Gewissen, wenn Sie ein Buch nicht zu Ende lesen oder einzelne Kapitel oder Abschnitte überspringen. Nein, entspannen Sie sich. Sie müssen nicht alles lesen, nur weil irgendwer es geschrieben hat. Seien Sie kritisch, denn es gilt: Je dicker das Lehrbuch, desto teurer und profitabler für die Verleger. Und das heißt, nicht alles, was im Lehrbuch steht, ist gleichermaßen wichtig.

Immer mehr und noch mehr zu lesen, heißt nicht automatisch, auch immer mehr und noch mehr zu lernen – eine Tatsache, auf die man zu meiner Studienzeit an der University of Oxford großen Wert legte. Dort musste ich ein Pflichtseminar belegen, das ich als Bachelor-Student schon einmal absolviert hatte. Nur diesmal benutzten wir kein Lehrbuch, sondern lediglich kurze Aufsätze, die alles in allem weniger als 50 Seiten hatten. Dies stand in völligem Gegensatz zu den über 800 Seiten starken Lehrbüchern, die ich zuvor verwendet hatte. Ich sprach einen der Dozenten auf diesen Gegensatz an. »Sich durch 800 Seiten zu lesen, um einige Grundkonzepte zu lernen, ist extrem ineffektiv. Und dafür hat kein Mensch die Zeit.«

Lesegeschwindigkeit

Wie bereits erwähnt, kann eine hohe Lesegeschwindigkeit sehr von Vorteil sein. Aber wussten Sie auch, dass es die Konzentration steigern kann, wenn man die Lesegeschwindigkeit steigert? Es ist wie beim Autofahren: Ein Autofahrer, der mit 120 Sachen über die Straßen brettert, ist gezwungen, sehr viel aufmerksamer zu sein, als jemand, der mit 50 km/h fährt; genauso muss ein Leser, der relativ schnell liest, sich sehr viel mehr auf das konzentrieren, was er da gerade liest. Es ist unmöglich, eine hohe (und immer noch effektive) Lesegeschwindigkeit zu erreichen, ohne die entsprechend hohe Konzentration aufzubringen.

Ein durchschnittlicher Leser erfasst rund 250 Wörter pro Minute. Nicht einmal 1 Prozent der Bevölkerung liest mehr als 400 Wörter pro Minute. Und nur ganz wenige sind in der Lage, ein Affentempo anzuschlagen, wie zum Beispiel Anne Jones aus England. Sie las den letzten Harry Potter Band (750 Seiten) in 47 Minuten – das sind 4244 Wörter pro Minute!

Eine wichtige Fähigkeit, sich neues Wissen schnell und effizient anzueignen, besteht darin, die Lesegeschwindigkeit an das Lesematerial anzupassen. Es geht nicht immer und ausschließlich darum, möglichst schnell zu lesen, sondern so zu lesen, dass das Lesetempo zu den Zielen passt, zu denen die Lektüre Sie hinführen soll. Dabei geht es um folgende Schritte:

- Überblick verschaffen
- neue Konzepte besser verstehen und leichter behalten
- Fragen formulieren
- an Vorwissen anknüpfen
- Spaß am Lesen ist die beste Motivation

Wenn es zum Beispiel darum geht, nur auf eine einzige Frage eine Antwort zu finden, kann man schneller lesen, als wenn man neue und schwer verständliche Konzepte verstehen und behalten muss. Die folgende Tabelle kann als grobe Richtschnur dienen.

Lese-geschwindigkeit	Wörter pro Minute	besonders geeignet
sehr langsam	**< 200**	für neues und schwer verständliches Lernmaterial, das nicht an vorhandenes Vorwissen anknüpft. Das Verstehen steht hier im Vordergrund.
langsam	200–300	für mittelschweres Lernmaterial; etwas Vorwissen ist vorhanden
schnell	300-600	für leicht verständliches Lernmaterial; fundiertes Vorwissen ist vorhanden
sehr schnell	600–800	für einen groben inhaltlichen Überblick; für die Suche nach einer Antwort auf eine bestimmte Frage; für das Wiederholen von bereits bekannten Inhalten
überfliegendes Lesen (*Speed-Reading*)	800 <	für die Konzentration auf Schlüsselwörter

Es kommt hier nicht so sehr darauf an, wie die Lesegeschwindigkeiten kategorisiert sind. Es geht vielmehr um das Prinzip, wonach unterschiedliche Geschwindigkeiten auf unterschiedliche Lernziele und Lernsituationen passen müssen. Zugleich kann jeder lernen, sein Lesetempo zu steigern, denn wer schneller lesen kann, ist klar im Vorteil. Wie das geht, erfahren Sie im nächsten Kapitel.

KURZ UND KNAPP

LESEN

- Beim effektiven Lesen geht es nicht darum, wie schnell Sie die Seiten blättern, sondern darum, den Inhalt möglichst zu verstehen und zu behalten.
- Sie müssen nicht ALLES lesen! Konzentrieren Sie sich darauf, dass Sie das Gelesene verstehen und behalten.
- Nutzen Sie die **SOAR**-Strategie, um das Gelesene besser zu verstehen.

S urvey (Überblick). Schauen Sie sich zuerst die Gliederung der einzelnen Kapitel an, und lesen Sie dann die Zusammenfassung.

O utcome (Lernziel). Was ist mein Lernziel? Was will ich durch die Lektüre herausfinden?

A ssociate (Assoziation). Was weiß ich bereits über das Thema?

R ecite (Wiedergeben). Lassen Sie das Gelesene nach jeder Seite, jedem Abschnitt oder Kapitel wirken, indem Sie es gedanklich wiederholen und mit eigenen Worten wiedergeben. Gelingt dies nicht, lesen Sie noch einmal, und versuchen Sie es dann erneut.

SPEED-READING

Speed-Reading-Techniken zielen darauf ab, Faktoren, die unsere Lesegeschwindigkeit bremsen, zu reduzieren oder auszuschalten. Wer diese Techniken beherrscht, kann seine Lesegeschwindigkeit verdoppeln oder verdreifachen, ohne dass Leseverständnis oder Merkfähigkeit leiden. Bevor wir uns den Techniken widmen, schauen wir uns zunächst einmal an, welche Faktoren es sind, die unser Lesetempo bremsen:

- Fixierung (Sie lesen Wort für Wort, anstatt in Wortgruppen)
- Sub-Vokalisierung (Sie sprechen jedes gelesene Wort vor sich hin, entweder gedanklich, oder indem Sie die Lippen mitbewegen)
- Regression (Sie blättern ständig zurück und lesen noch einmal von vorn)
- mangelnde Konzentration/geistige Abwesenheit (Sie konzentrieren sich nicht auf das, was Sie gerade lesen)
- Schwierigkeitsgrad und Vorwissen

Betrachten wir diese Faktoren im Detail.

Fixierung

Unsere Augen bewegen sich beim Lesen nicht gleichmäßig schnell über den Text, sondern sie bewegen sich in kleinen Etappen von einem Haltepunkt zum nächsten. Um das Gelesene zu fokussieren und aufzunehmen, müssen die Augen kurz stillstehen. Dies dauert ungefähr eine Viertelsekunde. Ein ungeübter Leser fixiert nach jedem einzelnen Wort. Will er seine Lesegeschwindigkeit steigern, muss er lernen, die richtigen Haltepunkte für die Fixierung automatisch zu finden, um bei weniger Fixierungen mehr Wörter pro Fixierung aufzunehmen. Siehe hierzu das folgende Beispiel: ein Wort pro

Fixierung (oben); mehrere Wörter pro Fixierung (unten); durch Übung können Sie diese Steigerung erreichen.

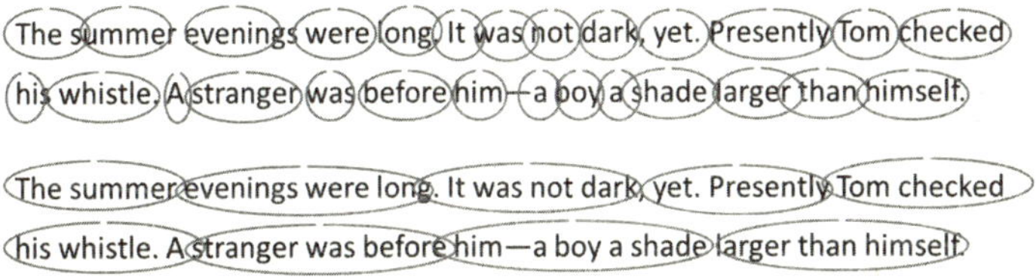

Sub-Vokalisierung

Ein anderer und damit eng verwandter Faktor, der den Lesefluss bremst, ist die sogenannte Sub-Vokalisierung. Das heißt, Sie sprechen die Wörter, die Sie lesen, gedanklich aus. Manch ein Leser bewegt dabei sogar die Lippen. Auch die Sub-Vokalisierung verringert das Lesetempo, da wir auf diese Weise im gleichen Tempo lesen wie wir sprechen (etwa 150 Wörter pro Minute). Und dies muss nicht sein. Unser Gehirn ist nämlich imstande, schneller denken zu können als wir sprechen können. Wenn Sie ein Bild von einem Auto sehen, verstehen Sie das Bild ja auch, ohne dass Sie irgendetwas vokalisieren. Warum also die Wörter, die wir beim Lesen vor uns sehen, gedanklich vor sich hinsprechen? Wer seine Lesegeschwindigkeit deutlich steigern will, muss sich diese unnötige Angewohnheit abtrainieren (wie unten dargestellt).

Der Leser auf dem linken Bild liest ohne Sub-Vokalisierung, und sein Gehirn versteht die Bedeutung der Wörter auf Anhieb. Der Leser auf dem rechten Bild liest mit Sub-Vokalisierung (rechtes Bild), aktiviert seine innere Stimme, dann sein Gehör, und erst dann hat das Gehirn die Bedeutung des Wortes erfasst. Sich diese Angewohnheit abzutrainieren, ist sehr viel schwieriger, als andere Bremsfaktoren auszuschalten. Doch es kann klappen, wie wir gleich noch sehen werden.

Regression

Das ständige Zurückspringen, um Textstellen noch einmal zu lesen, passiert meist völlig unbewusst, verringert aber das Lesetempo ganz enorm (wie unten dargestellt). Häufige Gründe für dieses Leseverhalten sind mangelnde Konzentration oder mangelndes Selbstvertrauen in die eigene Merkfähigkeit.

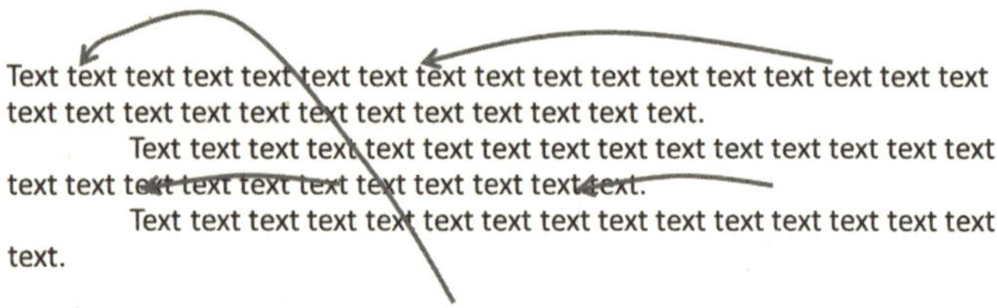

Mangelnde Konzentration/Geistige Abwesenheit

Wenn Sie nicht bei der Sache sind und die Gedanken schweifen lassen, sind sowohl Merkfähigkeit als auch Lesetempo stark beeinträchtigt. Es spricht allerdings nichts dagegen, innezuhalten, über das Gelesene nachzusinnen und zu versuchen, es zu verstehen. Ja, es ist sogar sehr gut und hilfreich. Doch wenn Sie gedanklich abschweifen und überlegen, was Sie heute Abend essen oder im

Fernsehen schauen wollen, dann sind Sie ganz weit weg. Die gute Nachricht hier: Beim Speed-Reading beginnt jeder irgendwann, so schnell zu lesen, dass er gar nicht mehr anders kann als mitzudenken und sich zu konzentrieren.

Schwierigkeitsgrad und Vorwissen

Schwer verständliche Fachbücher zu lesen, dauert vergleichsweise länger, denn sie zwingen zu häufigen Lesepausen, um das Gelesene sacken zu lassen und es wirklich zu verstehen. Gleiches gilt für fremdsprachige Bücher. Sie enthalten meist viele unbekannte Wörter, die man sich erst aneignen muss. Für das Speed-Reading sind sie deshalb nicht geeignet.

TECHNIKEN ZUR STEIGERUNG DER LESEGESCHWINDIGKEIT

Nutzen Sie einen Taktgeber

Das Werkzeug, das bei dieser Technik zur Anwendung kommt, ist der eigene Finger, der hilft, ein gleichmäßiges Lesetempo zu halten. Zeigen Sie auf das erste Wort und lassen Sie den Finger dann von links nach rechts über die Seite oder den Bildschirm wandern. Um sich daran zu gewöhnen, den Finger beim Lesen mitzuführen, können Sie Ihr gewohntes Lesetempo anfangs ruhig beibehalten. Mit der Zeit jedoch sollte der Finger als Taktgeber das Tempo setzen und die Augen der Bewegung des Fingers folgen. Die Vorteile dieser Technik? Sie verhindert Regressionen, sorgt damit für ein gleichmäßiges Lesetempo und zwingt den Leser, konzentriert zu bleiben – wie eine Art Laufband für die Augen.

Der Finger ist für diese Technik ideal, Kuli, Bleistift oder ähnliche Gegenstände sind aber ebenfalls geeignet. Wer auf dem Tablet liest, kann notfalls auch ein Stück Papier zu einem dünnen Röhrchen zusammenrollen – fertig ist die Lesehilfe!

Mehr Wörter pro Fixierung

Wie oben erwähnt, brauchen die Augen etwa eine Viertelsekunde, um anzuhalten und zu fokussieren. Um die Lesegeschwindigkeit zu steigern, ist es wichtig, mindestens zwei oder drei Wörter pro Fixierung aufzunehmen. Das ist im ersten Moment vielleicht etwas gewöhnungsbedürftig, aber Sie haben den Dreh schnell raus. Kleine Übung: Halten Sie die Hand hoch, und drücken Sie die Finger fest zusammen. Konzentrieren Sie sich auf den Mittelfinger. Was stellen Sie fest? Sie nehmen auch Zeige- und Ringfinger wahr, obwohl Sie auf den Mittelfinger konzentriert sind. Auf die gleiche Weise können Ihre Augen auf mehrere Wörter gelichzeitig fokussieren.

Schneller lesen

Sind Sie erst einmal daran gewöhnt, beim Lesen den Finger mitzuführen und sich auf mehrere Wörter gleichzeitig zu konzentrieren, geht es im letzten Schritt darum, das Lesetempo zu steigern. Versuchen Sie, so schnell zu lesen, wie das Auge dem Finger folgen kann. Das Textverständnis wird anfangs leiden, aber lassen Sie den Mut nicht sinken, das gibt sich mit der Zeit.

Sub-Vokalisierung abbauen

Sich die Sub-Vokalisierung abzutrainieren, ist der schwierigste Part. Doch wenn Sie die anderen Techniken zur Steigerung des Lesetempos anwenden, wird Ihr Lesetempo irgendwann so hoch sein, dass Sie kaum hinterherkommen werden, jedes einzelne Wort gedanklich auszusprechen. Jede einzelne Reduktion erhöht das Tempo. Beispiel: Lesen Sie folgenden Satz – »**Sokrates** gilt vielen als der **erste** große **Philosoph**.« Sie haben die Wahl: Entweder, Sie sprechen nur die fettgedruckten Wörter gedanklich aus. Oder Sie sagen während des Lesens gedanklich irgendetwas anderes vor sich hin, »lalalalala« oder »A-B-C-D-A-B-C-D«, um die Sub-Vokalisierung zu unterbinden.

SCHNELLER LESEN LERNEN – SO GEHT'S!

Übung macht den Meister

Speed-Reading lernen ist wie Schwimmen lernen. Es braucht Zeit und Geduld. Planen Sie für eine Dauer von vier bis sechs Wochen täglich 20 Minuten Übungszeit ein, um Ihr Lesetempo zu verdoppeln oder gar zu verdreifachen.

Nur Geduld!

Wie gesagt, Sie müssen anfangs damit rechnen, dass das Textverständnis leidet. Das kann ganz schön frustrierend sein. Zwanzig Minuten lang einen Text zu lesen und danach nichts davon behalten zu haben, ist demotivierend und sinnlos. Doch wer das Speed-Reading erlernen will, muss hier durch. Ihre Augen müssen sich an das neue Tempo gewöhnen. Das Textverständnis wird langsam zurückkehren, sobald sie an das neue, schnellere Tempo gewöhnt sind.

Üben Sie mit einfachen Texten

Das Speed-Reading mit schwer verständlichen Fachbüchern zu üben, in denen es vor unbekannten Begriffen und verschachtolten Sätzen nur so wimmelt, ist keine gute Idee. Ebenso wenig eignen sich belletristische Werke mit einer veralteten Sprache oder Bandwurmsätzen, wie sie sich beispielsweise in Originaltexten von Shakespeare finden. Üben Sie mit leicht lesbaren Büchern, idealerweise mit Texten, die Sie schon mal gelesen haben.

Messen Sie die aktuelle Lesegeschwindigkeit

Die Lesegeschwindigkeit wird in Wörter pro Minute gemessen. Um Ihr individuelles Tempo zu messen, lesen Sie einen beliebigen Text durchgängig eine Minute lang und zählen Sie dann die Wörter, die Sie gelesen haben. Um ein zuverlässigeres Maß zu erhalten, lesen

Sie durchgängig fünf Minuten lang, und teilen Sie dann die Anzahl der gelesenen Wörter durch fünf. Am allerschnellsten zählen Sie die Wörter mit dem Microsoft Word-Programm. Einfach einen Text in die Zwischenablage kopieren, dann den Text markieren, den Sie in einer Minute (oder fünf Minuten) gelesen haben, und mit einem Klick erscheint in der linken unteren Ecke die Anzahl der Wörter. Alternativ dazu können Sie auch die Anzahl der Wörter in den ersten fünf Textzeilen abzählen, diese Zahl durch fünf teilen und mit der Gesamtzahl der Textzeilen multiplizieren, um eine ungefähre Zahl der gelesenen Wörter innerhalb einer bestimmten Zeit zu ermitteln.

KURZ UND KNAPP

SPEED-READING

Um die Lesegeschwindigkeit zu steigern, sollten Sie sich darin üben,

1. zwei bis vier Wörter pro Fixierung aufzunehmen
2. den Finger beim Lesen mitzuführen, um dem Text gleichmäßig und geradlinig zu folgen
3. sich so zu konzentrieren, dass Sie nicht zurückspringen und noch einmal lesen müssen.

Um die Lesegeschwindigkeit zu steigern, braucht es Übung und Zeit: um sie zu verdoppeln sind normalerweise 20 Minuten täglich über einen Zeitraum von bis zu sechs Wochen erforderlich. Versuchen Sie, sich beim Üben nur auf das Tempo zu konzentrieren, das Textverständnis stellt sich nach und nach ein, sobald Sie sich an die Schnell-Lesetechniken gewöhnt haben.

NOTIZMANAGEMENT

»Es hieß, wir sollen die wichtigsten Informationen in einem Kasten notieren.«

GANZ KLASSISCH – NOTIZEN MACHEN

Gute Notizen bringen die Kernpunkte eines Themas in gut strukturierter, leicht lesbarer Weise auf den Punkt und bieten so die ideale Zusammenfassung zur regelmäßigen Überprüfung des Lernstoffs oder zur Vorbereitung auf eine Klausur.

Vorteile

- Sich eigene Notizen zu machen, fördert das Lernen, hilft aber nur dann weiter, wenn Sie den Lernstoff auch aktiv nacharbeiten und ihn in eine sinnvolle Ordnung bringen.
- Wer eifrig Notizen anlegt, spart in Phasen der Prüfungsvorbereitung eine Menge Lernzeit, denn Notizen bieten eine kompakte Übersicht aller wichtigen Lerninhalte.
- Werden in einem Seminar keine Skripts ausgehändigt, sind außer den eigenen Notizen meist keine anderen schriftlichen Unterlagen mit den Kerninhalten des Seminars verfügbar. Die eigenen Notizen stellen somit eine wesentliche Lerngrundlage dar.

Notizen machen: Laptop oder Papier? Dazu hat fast jeder eine klare Meinung. Mein Tipp: Finden Sie selbst heraus, was für Sie am besten funktioniert. Es kann mitunter schneller gehen, Notizen in den Laptop einzutippen, zumal man sie dort später sehr viel leichter wiederfinden, bearbeiten und ordnen kann. Zudem fallen eventuelle Probleme mit unleserlichem Gekritzel weg. Doch für Fächer, in denen es auf Diagramme, Grafiken und Formeln ankommt, kann so ein Laptop den Lernprozess und Arbeitsfluss auch schnell mal bremsen, trotz Touchscreen und Smartpen.

Egal, welche Technik Sie wählen, für einen positiven Lerneffekt sollten Sie möglichst *aktiv* sein und Notizen effektiv gestalten – wie nachfolgend beschrieben.

Schreiben Sie aktiv mit

Kommen wir noch einmal zurück auf das Lernprinzip »Engagement«. Beispiel: Wer Stichpunkte aus einer Textquelle nur passiv abschreibt und wörtlich übernimmt, wird dabei kaum etwas lernen. Klar, können die Notizen später immer noch als Referenzmaterial zur Wiederholung dienen, aber Sie hätten sich ebenso gut auch einfach der Standardfunktion zum Markieren/Kopieren/Einfügen auf Ihrem Laptop bedienen können. Um das aktive Mitdenken zu schulen und somit den Lernprozess zu fördern, ist es wichtig, Notizen zu priorisieren, zu strukturieren und in eigene Worte zu fassen, ganz gleich, ob Sie in Seminaren mitschreiben oder Notizen aus Referenzwerken anlegen. Gerade wer Inhalte aus Büchern notieren möchte, tut gut daran, »engagiert« mitzudenken, sich auf sein Lesegedächtnis zu stützen und nur im Bedarfsfalle noch einmal nachzuschlagen.

Die SOCK-Technik

Die SOCK-Technik ist eine Notiztechnik mit System, die auf mehreren Lernprinzipien basiert. Sie kann unabhängig von Lernthema, Schwierigkeitsgrad oder anderen Faktoren eingesetzt werden. Im Kurzwort SOCK steht jeder Buchstabe für einen Lernschritt.

S elf-made (selbstgefertigt)

O rganised (organisiert)

C oncise (kurzgefasst)

K ey words (Schlüsselbegriffe)

Self-made

Selbstgefertigte Notizen prägen sich besser ein als Notizen, die ein anderer gefertigt hat. Machen Sie also Ihre eigenen Notizen! Und sollten Sie mal auf die Notizen anderer angewiesen sein (aus Zeitgründen zum Beispiel), sorgen Sie dafür, dass Sie eine elektronische Kopie bekommen, die Sie herunterladen können. Setzen Sie sich aber nicht hin, um das digitale Skript dann Wort für Wort abzuschreiben – das ist Zeitverschwendung!

Organised

Kommen wir noch einmal zurück auf das Lernprinzip »Überblick«. Organisieren Sie Ihre Notizen in einer für Sie logischen Form. Damit sind sie leichter zu lesen und zu behalten. Verwenden Sie Schlagwort-Hierarchien, Überschriften, Stichwortlisten, *Kursivschreibungen*, Unterstreichungen, **fettgedruckte** Textstellen, Hintergrundfarben und dergleichen. Fügen Sie dort, wo es möglich ist, Symbole, Zahlzeichen oder verschiedene Farben ein.

Concise

Fassen Sie sich kurz, und notieren Sie nur die wichtigsten Informationen (Kernaussagen). Vermeiden Sie ganze Sätze, für die Sie unnötig lange schreiben (und später lesen) müssen. Benutzen Sie Abkürzungen (km, kg und dergleichen). Wenn Sie Notizen aus einem Lehrbuch machen, ist es mitunter klug, das/die Kapitel zunächst einmal ganz durchzulesen, um nicht unnötig viel mitzuschreiben. Gleiches gilt, wenn Sie in einer Vorlesung sitzen: Umso mehr Sie mitschreiben, umso mehr werden Sie sich auf das Mitschreiben konzentrieren anstatt auf die gedankliche Verarbeitung dessen, was der Dozent gerade sagt. Und fassen Sie sich kurz – kurze Notizen sind eingängiger – wie unten dargestellt.

Beispiel 1

»Wolfgang Amadeus Mozart wurde 1756 geboren und ist 1791 gestorben.« → »W. A. Mozart (1756–1791)«

Beispiel 2

Kernspaltung und Kernfusion sind zwei umgekehrte Prozesse. Bei einer Fusion verschmelzen zwei oder mehr Atomkerne zu einem neuen Kern. Bei einer Spaltung wird ein Atomkern in zwei oder mehrere kleiner Kerne zerlegt. Ohne Kernfusion würde menschliches Leben, so wie wir es kennen, nicht existieren, denn es ist die Kernreaktion, über die die Sonne Licht- und Wärmewellen erzeugt und zur Erde sendet. Auf der Sonne (und auf anderen Sternen) fusionieren zwei Wasserstoffatome zu einem Heliumatom, was riesige Energiemengen freisetzt. Die Kernspaltung hingegen ist ein Verfahren zur Gewinnung von Energie in Atomreaktoren und Atombomben. Das häufigste Element, das in einem künstlichen Spaltprozess zum Einsatz kommt, ist Uran.

Kernspaltung:
1 Kern
→ 2+ Kerne (Atomreaktor + Atombomben durch Uran)

Kernfusion:
2+ Kerne
→ 1 Kern (Sonnenlicht 2x Wasserstoff => Helium)

Schlüsselbegriffe

Es gilt, darauf zu achten, sämtliche Schlüsselbegriffe, Schlagworte, Fachausdrücke und Grundkonzepte herauszufiltern und sie am linken Seitenrand zu notieren. So können Sie die Stichpunkte später leicht noch einmal wiederholen und sie zur Selbstkontrolle nutzen – was weitaus effizienter ist, als sie bloß noch einmal durchzulesen (Lernprinzip »Erfolgskontrolle«).

Hier ein komplettes Notiz-Beispiel unter Anwendung der SOCK-Technik:

Gewinnschwelle (Nutzenschwelle)
Punkt, an dem Erlös und Kosten einer Produktion (oder eines Produktes) gleich hoch sind und somit weder Verlust noch Gewinn erwirtschaftet wird.

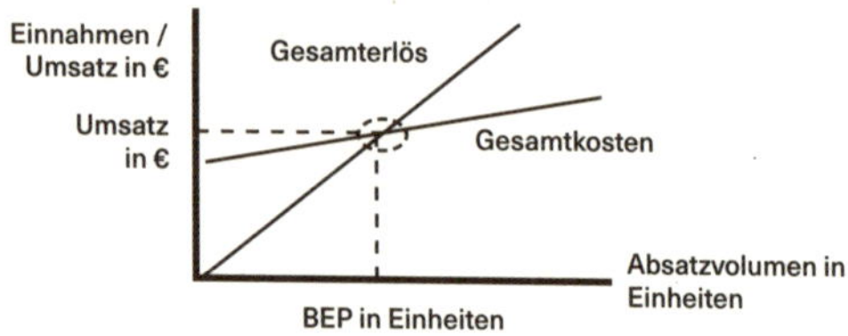

Kosten-Umsatz-Gewinn-Analyse
Verhältnis zwischen Verkaufspreis, Absatzvolumen, Kosten und Gewinn.
- CVP-Analysen können Sensitivität von Gewinnen auf Änderungen in Verkaufspreis, Kosten, Absatz und Sortiment aufzeigen.

Sicherheitsmarge
Unterschied zwischen dem Grad an Aktivitäten, bei dem die Gewinngrenze erreicht wird, und dem Grad an Aktivitäten, bei dem diese Grenze überschritten wird. Sie kann in Einheiten, in €, absolut oder in % gemessen werden.

Gewinnbeitrag	= P – VC

Zielvolumen schrittweise Budgetierung
(FC + Gewinn)/(P – VC) (auch historische oder traditionelle Budgetierung), Vorjahresbudget (automatisch genehmigt) + Änderungen (z. B. Änderungen infolge Inflation)

Degree of Operating Leverage (DOL)	Bruttogewinn / Gewinn oder FC / Gewinn + 1 auch als Gewinnhebel bekannt, dient zur Berechnung des Verhältnisses zwischen fixen und variablen Kosten im Unternehmen

Strategic Management Accounting (SMA), Rechnungswesen:
externes Rechnungswesen zielt auf Informationen ab, die externe, unternehmensrelevante Faktoren betreffen

1. Was machen unsere Konkurrenten?
2. Schwerpunkte – Strategische Positionierung und Management Accounting
3. Wettbewerbsvorteile sichern – Perspektive Wertschöpfungskette
4. produkt-fokussierte und marktorientierte Informationen

Strategie außerhalb der Budgetierung: Activity Based Budgeting (ABB)
Strategy Map: Diagramm zur bildlichen Darlegung primärer strategischer Ziele, die eine Organisation verfolgt und mit der Balanced Scorecard (ausgewogenen Wertungsliste) verbindet
Konzept der generischen Strategien nach Michael Porter: Kostenführerschaft, Produktdifferenzierung, Fokus Planungsressourcen und Umweltauswirkungen, um Planziele zu erreichen
rollierende (fortlaufende) Prognosen
Kostenobjekte sind Ausgangspunkt → notwendige Aktivität → benötigte Ressourcen
ABB = Gegenteil der klassischen Budgetierung und Gegenteil von ABC
Vorteile: markiert Kosten der ›Aktivitäten‹ & fördert Verbesserungsprozesse

Soll ich handschriftliche Notizen in eine saubere Form bringen?

Unbedingt, meinen manche Experten, und empfehlen, die Notizen im Anschluss an die Vorlesung noch einmal sauber abzuschreiben und/oder als elektronisches Backup in den Rechner zu übertragen. Ich selbst sehe das ein bisschen anders. Wozu noch einmal alles abschreiben oder abtippen, wenn die Notizen auch so gut lesbar und sortiert sind? Sie lernen nicht viel dazu und könnten diese Zeit gut anderweitig investieren. Grobe Skizzen hingegen sollten sehr wohl nachbearbeitet, verbessert und in eine gut strukturierte Form gebracht werden; damit vertiefen Sie Ihr Wissen und fördern den Lernerfolg.

Notizenmachen – ein Zeitfresser?

Wägen Sie ab: Welche Vorteile habe ich davon? Wieviel Zeit geht mir für andere Dinge verloren? Wie gesagt, das bloße Abschreiben oder Abtippen bringt nicht viel. Und wer vor lauter Mitschreiben im Unterricht den Faden verliert, hat wohl ebenfalls keinen Nutzen davon. Machen Sie sich folgende Punkte klar? Verteilt der Dozent PowerPoint-Folien oder andere brauchbare Unterlagen? Ist der behandelte Stoff im Lehrbuch gut erklärt? Will ich zur Prüfungsvorbereitung Notizen verwenden? Je nachdem, wie Ihre Antworten auf diese Fragen ausfallen, können Sie entscheiden.

Auch den Faktor Zeit gilt es zu bedenken. Wieviel Zeit kostet mich das Notizenmachen? Manchmal kann es effektiver sein, Lernkärtchen zu ergänzen oder Randnotizen im Lehrbuch zu machen, anstatt umfangreiche Notizen zu fertigen.

KURZ UND KNAPP

GANZ KLASSISCH – NOTIZEN MACHEN

- Gute Notizen bringen die Kernpunkte eines Themas in gut strukturierter und leicht lesbarer Weise auf den Punkt.
- Nutzen Sie die SOCK-Methode:

  Self-made (selbstgefertigt – formulieren Sie in eigenen Worten)

  Organised (organisiert – nutzen Sie Schlagwort-Hierarchien, Stichwortlisten, Unterstreichungen, Symbole, Hintergrundfarben und dergleichen)

  Concise (kurzgefasst – notieren Sie nur die wichtigsten Informationen, Notizen sollen eine kurze Zusammenfassung sein)

  Keywords (Schlüsselbegriffe – Filtern Sie Schlüsselbegriffe und Fachausdrücke heraus und notieren Sie sie am linken Seitenrand)

MIND MAPS

Mind-Maps (auch »Baumdiagramme«) dienen der visuellen Darstellung von Lerninhalten. In den 1950er-Jahren gewannen sie rasch an Beliebtheit. Nutzer dieser (kognitiven) Methode führen an, dass es nicht nur sehr viel flexibler und effizienter sei, Notizen in einer Mind-Map zu machen als Mitschriften herkömmlich in linearer Form zu erstellen, sondern es mache auch wesentlich mehr Spaß.

Mind-Maps visualisieren sehr anschaulich, wie einzelne Konzepte und Ideen zueinander in Beziehung stehen und übermitteln mit wenigen Worten eine Menge Information. Die Methode basiert auf den Lernprinzipien Engagement (*involvement*), gedankliche Verknüpfung/Assoziationsbild (*association*), Überblick (*overview*) und Visualisierung (*visualisation*), die diesem Ansatz seine Validität verleihen. Diese kreative Technik eignet sich gut, um sie in Vorlesungen, aber auch für Fachlektüren anzuwenden.

Eine Freundin von mir, die Politik studiert, erzählte mir, wie sie diesen methodischen Ansatz nutzt: »Für jedes schwierige Thema erstelle ich eine extra Mind-Map und klebe sie dann an die Wand über meinen Schreibtisch. So habe ich die Mind-Map die ganze Zeit vor mir und schaue sie mir jeden Tag ein paar Minuten lang an. Und in der Prüfung dann kann ich die Mind-Maps bildlich vor mir sehen, was äußerst hilfreich ist, insbesondere wenn ich nicht mehr weiterkomme.«

So erstellen Sie ein effizientes Mind-Map

- Verwenden Sie große Papierbögen, idealerweise in Din-A3-Format. Besser, von vornherein ausreichend Platz zu haben, als später nicht alle Elemente unterbringen zu können.
- Nehmen Sie das Blatt im Querformat, um Ihre »Gedanken-Landschaft« entlang der Längsseite des Blattes zu entwickeln.

- Schreiben Sie das Hauptthema Ihrer Notizen in die Mitte, und ziehen Sie von dort ausgehend dicke, strahlenförmige Linien, die sogenannten Hauptäste, die sie mit den wichtigsten Schlüsselwörtern versehen, weniger wichtige schreiben Sie an die entfernteren Verästelungen. Verwenden Sie pro Ast maximal ein bis zwei Begriffe.
- Versuchen Sie, die Begriffe möglichst horizontal anzuordnen, damit Sie das Mind-Map später nicht drehen müssen, um alles gut lesen zu können.
- Schreiben Sie deutlich. Ziehen Sie Verben und Nomen den anderen Wortarten vor.
- Werden Sie kreativ. Verwenden Sie Farben, Symbole und kleine Bilder. Kreieren Sie ein Mind-Map, auf das Sie stolz sind!

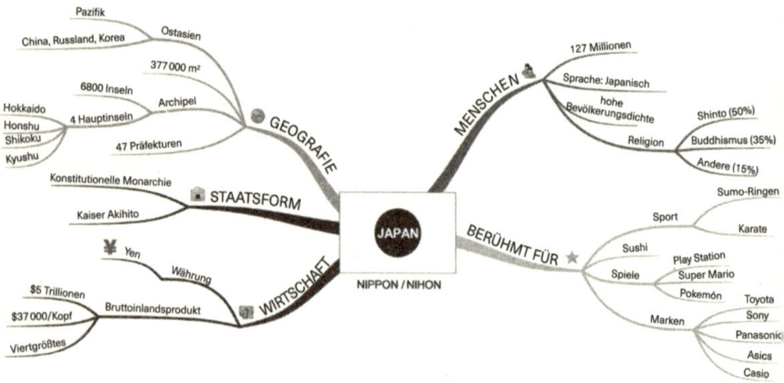

KURZ UND KNAPP

MIND-MAP

- Ein Mind-Map bietet einen guten Überblick und zeigt, wie die verschiedenen Aspekte eines Konzepts zusammenhängen.
- Beginnen Sie in der Mitte des Blattes, verwenden Sie pro »Ast« nur ein bis zwei Wörter, und schreiben Sie horizontal nach rechts.
- Lassen Sie Ihrer Kreativität freien Lauf: Arbeiten Sie mit Farben, Symbolen und kleinen Bildern

MARKIEREN VON TEXTSTELLEN

Das Markieren von wichtigen Sätzen, Schlüsselbegriffen, Definitionen, Schaubildern usw. mit einem Textmarker direkt im Lehrbuch ist eine dritte und recht einfache Form des Notizenmachens.

Vorteile des Markierens

- Markierungen sparen Schreibarbeit und Zeit
- Markierungen heben hervor, welche Inhalte es zu vertiefen und zu erweitern gilt.
- Markierungen erleichtern das Wiederauffinden einer Textstelle und das spätere Wiederholen der Lerninhalte.

Nachteile des Markierens

- Sie müssen das Lehrbuch immer dabeihaben, um Ihre Notizen jederzeit parat zu haben. Das ständige Hin- und Herblättern ist mitunter sehr zeitintensiv, auch in elektronischer Form als E-Book.
- Sie versäumen es mitunter, den Text mit »anderen Augen« zu lesen und Ihre Scheuklappen abzulegen (aber vielleicht haben Sie ja auch gar keine auf).
- Es setzt voraus, dass Sie ein eigenes Lehrbuch kaufen, das sich später nur schwer wiederverkaufen lässt (aber sein Geld möglicherweise auch wert war).

SO MARKIEREN SIE RICHTIG

- **Markieren Sie nur wichtige Textstellen**
  Welche Inhalte Sie für besonders wichtig erachten, entscheiden Sie selbst. Ist ein Text sehr informationsreich, man selbst im Thema aber nicht sehr kundig, ist man mit dem Textmarker schneller zur

Hand, als wenn ein Text mit überflüssigen Wörtern und Beispielen unnötig aufgeblasen ist. Als grobe Regel gilt: Markieren Sie nicht mehr als 20 Prozent der Textmasse insgesamt.

- **Markieren Sie sparsam**
  Schalten Sie nicht auf Autopilot, der alles kursiv oder fett Gedruckte noch einmal markiert! Überlegen Sie vielmehr: Ist diese Stelle wirklich wichtig und warum?
- **Arbeiten Sie mit einem Farbschema**
  Markieren Sie entweder alles in einer Farbe, oder denken Sie sich ein Farbsystem aus, anhand dessen Sie die verschiedenen Informationsarten mit verschiedenen Farben markieren: eine Farbe für Schlüsselbegriffe, eine andere für Formeln, und noch eine andere für Beispiele. Oder Sie arbeiten mit farblichen Abstufungen: eine Farbe für die nach Ihrem Dafürhalten besonders wichtigen Inhalte, eine andere für die weniger wichtigen, und noch eine andere für ergänzende Informationen. Im Zug saß ich einmal neben einem Studenten, der genau so ein Farbsystem verwendete. Alles, was er für wichtig oder interessant hielt, markierte er in Gelb, und was er schwer begreiflich fand und später noch einmal vertiefen wollte, markierte er in Orange, was ihm das Wiederauffinden und Wiederholen der fraglichen Textstellen später erleichterte.
- **Immer mit der Ruhe!**
  Warten Sie mit dem Markieren, bis Sie einen Abschnitt oder eine Seite komplett durchgelesen haben, um den Text nicht mit unnötig vielen Hervorhebungen an unwichtigen Stellen zu überladen. Einzige Ausnahme: Sie kennen sich mit einem Thema sehr gut aus und wissen von vornherein, worauf es ankommt.
- **Was noch? Seitenrand nutzen!**
  Nutzen Sie beim Markieren von Buchtexten ruhig auch Seitenränder, halbleere Seiten und andere unbeschriebene Stellen, um

zusätzliche Notizen, Gedanken, Fragen und dergleichen anzubringen.

KURZ UND KNAPP

MARKIEREN VON TEXTSTELLEN

- Markieren Sie nicht alles. Grundregel: maximal zwanzig Prozent. Markieren Sie wohl überlegt und sparsam. Halten Sie beim Lesen immer wieder kurz inne und fragen Sie sich, welche Inhalte wirklich wichtig sind
- Verwenden Sie eine Farbe oder denken Sie sich ein Farbschema aus.

GEDÄCHTNISTRAINING: MEHR BEHALTEN MIT MNEMOTECHNIKEN

KLASSISCHE MNEMOTECHNIKEN

Mnemotechniken helfen, sich in kurzer Zeit viele Informationen so einzuprägen und zu merken, dass sie jederzeit abrufbar sind.

Bilden Sie Assoziationen

Die einfachste Technik, etwas zu erinnern, besteht darin, sich Merkhilfen zu schaffen, sprich Assoziationen zu bilden (Lernprinzip »gedankliche Verknüpfung/Assoziationsbild«). Beispiel: Das mathematische Konzept einer »konvexen Kurve« und einer »konkaven Kurve« wird leicht verwechselt. Mit einer einfachen Assoziation, lässt sich der Unterschied leicht erinnern: Eine »konk**a**ve Kurve« gleicht einer Bogenbewegung in Schreibrichtung des **a** (engl. *cave*: Höhle; also kon-*cave*: »ausgehöhlt«).

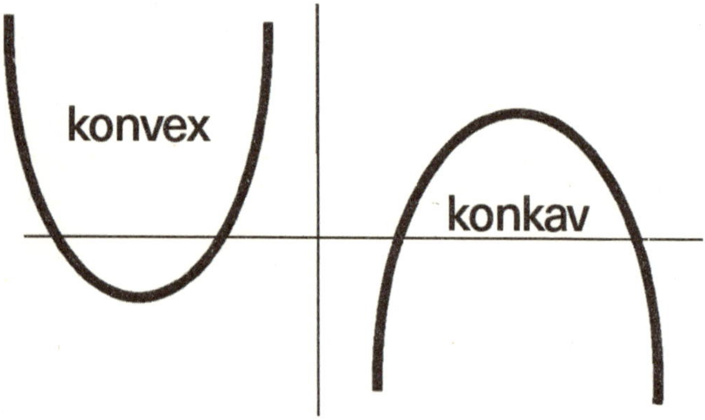

Gruppieren Sie einzelne Elemente

Haben Sie sich schon einmal gefragt, warum die Ziffern von Telefonnummern immer in Zweier-, Dreier- oder Vierergruppen erscheinen – also zum Beispiel 6867-8424 anstatt 6-8-6-7-8-4-2-4? Das liegt einfach daran, dass es einfacher ist, sich zwei bis vier einzelne Zahlen zu merken als acht Zahlen hintereinander. In ähnlicher Weise fällt es leichter, sich das Wort »Gruppe« zu merken anstatt sechs Buchstaben hintereinander – G-r-u-p-p-e. Anstatt sechs Elemente erinnern zu müssen, erinnern wir lieber nur eines.

Suchen Sie nach Mustern

Das Merken und Erinnern fällt uns leichter, wenn wir ein zugrundeliegendes Muster, eine Regel oder ein Prinzip erkennen. Beispiel: Die korrekte Schreibweise von *Mississippi* ist »doppelt gemoppelt«. Oder: Sich die ellenlange Zahl 69111416192124262931 3436 einzuprägen, kann ziemlich lange dauern, es sei denn, man erkennt darin ein Muster. Versuchen Sie es einmal, bevor Sie weiterlesen und die Lösung sehen.

Das Muster ist: 6+3+2+3+2+3+2 ... das heißt: 6(+3), 9(+2), 11+(3), 14(+2), 16 und so fort. Nun fällt es sehr viel leichter, die Zahl zu memorieren: Sie müssen sich lediglich merken, dass sie mit der Zahl 6 beginnt, und dann zählen Sie abwechselnd die Zahlen 3 und 2 hinzu, bis sie am Ende bei 36 stehen.

Bauen Sie sich Eselsbrücken mit Reimen und Knüttelversen

Ein eingängiger Reim bleibt leichter haften als bloße Theorien. Ein Beispiel, das Sie vielleicht noch aus dem Chemieunterricht kennen: Wenn Säure verdünnt werden soll, muss dem Wasser die Säure zugegossen werden und nicht anders herum. Damit ein jeder Student dies auch ja behält, hilft der altbekannte Reim: »Erst das Wasser, dann die Säure – sonst geschieht das Ungeheure.«

Bilden Sie Kunstwörter und/oder Merksätze

Wenn Sie eine Wort- oder Begriffsfolge lernen müssen, prüfen Sie einmal, ob sich aus den ersten Buchstaben der jeweiligen Wörter nicht vielleicht ein Kunstwort (Akronym), bilden lässt, das leicht zu behalten ist. Beispiel: Die Farbfolge in einem Regenbogen – rot, orange, gelb, grün, blau, indigo und violett – ergibt das Akronym »roggbiv«. Oder: Das Kurzwort SPA nennt die Namen und Reihenfolge der großen griechischen Philosophen Sokrates, Platon und Aristoteles. Manchmal kann es schwierig sein, ein eingängiges Kurzwort zu bilden. In so einem Fall kann auch ein Merksatz helfen (ein »erweitertes« Akronym). So etwa nennt der folgende Satz die Namen der Planeten unseres Sonnensystems in der richtigen Reihenfolge: **M**ein **V**ater **E**rklärt **M**ir **J**eden **S**amstag **U**nsere **N**eun **P**laneten (Merkur, Venus, Erde, Mars, Jupiter, Saturn, Uranus, Neptun, Pluto).

Auch Zahlen und Zahlenreihen lassen sich mithilfe von Sätzen ganz einfach merken. Der Grundgedanke dabei ist, die einzelnen Zahlen in *pi* (π) 3,1416 durch Wörter mit der entsprechenden Anzahl von Buchstaben darzustellen: *pi* (π) 3,1416: »Auf (3) a (1) muss (4) b (1) folgen (6)«.

Nutzen Sie den Spacing-Effekt

Mitunter kann es viel zu umständlich oder zeitraubend sein, die oben angeführten Techniken anzuwenden. Dann können Sie auch einfach auf das Prinzip der Wiederholung zurückgreifen, um Informationen zu memorieren. Beziehen Sie dabei möglichst auch die Lernprinzipien *Spacing*-Effekt (*spacing*) und Erfolgskontrolle (*testing*) mit ein. Es bringt nämlich nichts, sich die Informationen nur immer wieder passiv vor Augen zu führen. Machen Sie stattdessen den Selbsttest. Gehen Sie einzelne Lerninhalte zügig durch und prüfen Sie dann, wieviel Sie davon erinnern. Halten Sie sich aber nicht zu lange mit einem Thema auf, sondern lernen Sie einen kleinen Teil jetzt und einen kleinen Teil später. So nutzen Sie den *Spacing*-Effekt (siehe oben), der besagt, dass die Erinnerungsleistung von einer zeitlichen Verteilung der Lerneinheiten abhängt. Sie können Ihre Mitschriften heranziehen oder auch Lernkärtchen erstellen. Der Vorteil persönlicher Lernkärtchen besteht darin, dass Sie sie umdrehen und durchmischen können, sodass die Reihenfolge der Selbstabfrage immer variiert. Lernkärtchen bieten zudem ein praktisches Wiederholungstraining für zwischendurch, für alle, die wenig Zeit haben. Es gibt inzwischen auch Lernkarten-Apps für unterwegs, die man sich ganz einfach aufs Handy herunterladen kann.

Hier einige Lernkarten-Beispiele aus der Praxis:

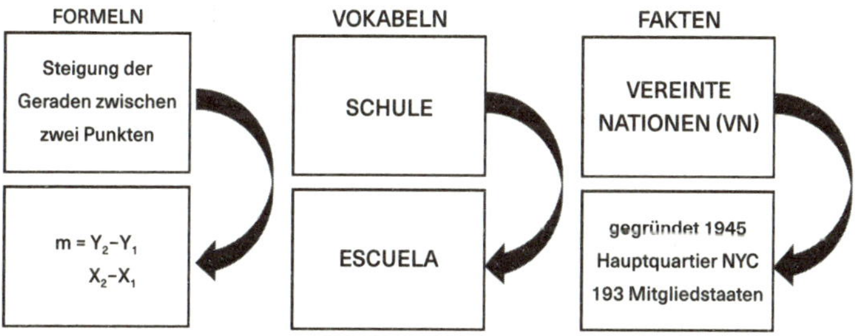

KURZ UND KNAPP

KLASSISCHE MNEMOTECHNIKEN

- Finden Sie Muster oder bilden Sie Assoziationen, um Dinge zu memorieren. Entwickeln Sie Merkhilfen (Eselsbrücken) in Form von Regeln, Reimen, Kunstwörtern (Akronymen) oder Merksätzen.
- Lernkärtchen sind wertvolle Gedächtnisstützen

VISUALISIERUNG

Ich erinnere mich noch gut an ein Spanisch-Seminar, als ein Kommilitone von mir den Dozenten fragte, wie er die Wörter für *Ost* und *West*, die im Spanischen fast gleich klingen, am besten auseinanderhalten könne: »este« und »oeste«. Der Tipp, den der Dozent ihm gab, schien zunächst völlig schräg: »Stellen Sie sich vor, ein Cowboy zieht einen Revolver. Erschrocken blicken Sie direkt in die Öffnung des Laufs, die ein »o« bildet, wie in »oeste«. Nun wissen Sie, dass Sie im Wilden *Westen* sind.« Die Klasse brach in helles Gelächter aus, doch der Dozent setzte damit auf ein wichtiges Prinzip, denn die Visualisierung gehört zu den stärksten Werkzeugen, die wir zur Verfügung haben, um Lerninhalte jederzeit abrufbar zu verankern. Allgemein formuliert: Das menschliche Gehirn kann Bilder besser erinnern als Wörter.

Wie funktionieren Visualisierungstechniken?

Alle Visualisierungstechniken haben eins gemeinsam: Sie fassen Worte oder Fakten, die es zu erinnern gilt, in Bilder.

Und so geht's

- Überlegen Sie, was Sie erinnern möchten, und erstellen Sie eine Liste mit Schlagwörtern oder kurzen Sätzen.
- Lassen Sie nun für jedes Schlagwort oder jeden Satz gedanklich ein Bild entstehen, das Sie mit dem Schlagwort oder Satz assoziieren.

Sagen wir mal, Sie müssen das Jahr erinnern, in dem Australien die Unabhängigkeit von Großbritannien erlangt hat. Sie wissen, es war in den 1900ern, aber Sie kommen nicht auf das genaue Jahr. Um es ein für alle Mal zu erinnern, können Sie sich ein Känguru denken, das ein Ei und ein Messer in den Vorderpfoten hält. Das Känguru steht für Australien, das Ei für die Null und das Messer für die Eins.

Effektive Bilder

Um die gedachten Bilder effektiv im Gedächtnis zu verankern, ist es wichtig, sich gut zu konzentrieren und die Bilder klar und deutlich zu visualisieren. Schließen Sie dabei ruhig die Augen. Noch effektiver wirken die Bilder, wenn Sie Bewegung hineinbringen, beispielsweise durch Interaktionen oder sonstige Absurditäten (wie das Känguru, das ein Ei und ein Messer hält).

Interaktion

Lassen Sie die einzelnen Elemente in Ihrem Bild in irgendeiner Form zusammenspielen.

Bewegung

Erfüllen Sie Ihre Bilder mit buntem Leben, indem Sie manche Teile bewegen – wie in einem kurzen Video-Clip.

Absurdität

Je verrückter oder absurder die Bilder sind, die in Ihrer Geschichte entstehen, desto leichter werden Sie sich daran erinnern.

Beispiel: Sagen wir mal, Sie müssen das spanische Wort für »Bett« lernen, *cama*. Wir können uns ein Kamel und ein Bett visualisieren. Ohne die oben beschriebenen Elemente »Interaktion« und »Bewegung« steht das Kamel vielleicht nur neben dem Bett. Fertig. Beziehen wir die genannten Elemente aber mit ein, dann tollt unser Kamel auf dem riesigen Bett vielleicht wild umher und springt ausgelassen auf und ab – und schon haben Sie ein interaktives, absurdes Bewegtbild vor sich, das garantiert unvergesslich ist – samt der zugehörigen Vokabel.

Wer eine blühende Fantasie und eine gute Vorstellungskraft hat, ist klar im Vorteil, wenn es um das Erschaffen mentaler Bilder geht. Als ich damals die Formel für Schwefelsäure, H_2SO_4, auswendig lernen musste, stellte ich mir zwei große **H** und vier **SO**cken vor (für vier SO). Des Weiteren stellte ich mir vor, wie ich ein Computerspiel spiele und aus zwei H-förmigen Flugzeugen auf die vier Socken (SO) feuere – fertig war mein Bild: Es war **verrückt**, **bewegte** sich und die beiden »Hs« **interagierten** mit den vier SOs (Socken).

Wissen Sie noch, welches der beiden spanischen Wörter *este* und *oeste* für »Westen« steht? Ich jedenfalls habe es seit jener Unterrichtsstunde nie wieder vergessen!

Zu viele Alternativen?

Was tun, wenn zu viele Bilder für einen Begriff entstehen? Entscheiden Sie sich, und zwar erstens für ein Bild, das Sie selbst kreieren, nicht für eins, das ein Anderer vielleicht benutzen würde. Und zweitens für das Bild, das Ihnen zuallererst in den Sinn kommt, denn genau das dürfte Ihnen dann, wenn's drauf ankommt, auch wieder als erstes einfallen.

Kombinationen

Visualisierungstechniken lassen sich sehr gut auch in Kombination mit anderen Merktechniken nutzen. Das Akronym HOMES (deutsch: Zuhause, Heimat) zum Beispiel ist eine bekannte Eselsbrücke, die aus den USA stammt, und Amerikanern helfen soll, die fünf Großen Seen Nordamerikas zu memorieren – Huron, Ontario, Michigan, Erie, Superior. Wer die fünf Großen in ihrer geografischen Abfolge von Ost nach West mit einer deutschen Eselsbrücke memorieren will, lernt folgenden Merksatz: »Oma macht heute einen Obstkuchen« (Oma steht für den Oberen See, wie der Lake Superior im Deutschen heißt, danach folgen Michigansee, Huronsee, Eriesee, Ontariosee.

Grenzen der Visualisierungstechniken

Wort für Wort

Visualisierungstechniken erleichtern das Memorieren zentraler Begriffe und Konzepte, reichen aber nicht aus, um ganze Sätze oder Phrasen Wort für Wort abrufbereit zu verankern.

Zeit

Es braucht mindesten vier bis acht Sekunden, um erinnerungsstarke Bilder zu kreieren. Wenn neue Lerninhalte in schneller Folge präsentiert werden (wie etwa in einer Vorlesung), haben Sie möglicherweise nicht genug Zeit, um sie in gute Bilder umzumünzen.

Schwierige Begriffe

Manche Wörter und Begriffe lassen sich nur schwer in eine visuell erfassbare Form bringen. Der Begriff »Onomatopoeia« zum Beispiel ist so einer. Braucht es zu viel Zeit, ein Bild zu generieren, werden Sie das Bild selbst oder das, was es repräsentieren soll, später höchstwahrscheinlich nicht erinnern. Greifen Sie dann besser auf klassische Mnemotechniken zurück.

Schwache Vorstellungskraft

Manche Menschen haben eine schwache Vorstellungskraft und tun sich demnach schwer im Bilderdenken. Natürlich kann jeder lernen zu visualisieren und seine Vorstellungskraft trainieren, aber wem dies von Natur aus große Mühe macht, der sollte nichts erzwingen.

KURZ UND KNAPP

VISUALISIERUNG

- Die Visualisierung, das heißt, die gedankliche Umsetzung von Wörtern/Begriffen oder Zahlen in Bilder, ist eine der stärksten Mnemotechniken überhaupt.
- Visualisierungen sind besonders effektiv, wenn Sie mit Leben erfüllt sind – mit Bewegungen, Interaktionen, Absurditäten.

LOCI-TECHNIK UND STORY-TECHNIK

In diesem Kapitel wollen wir zwei visuelle Lerntechniken betrachten: Die Loci-Technik und die Story-Technik. Diese beiden Techniken sind ideal, um die Abfolge von Wörtern auf einer Liste in der korrekten Reihenfolge zu memorieren ebenso wie verschiedene Komponenten eines Modells, einer Theorie oder Systems. Beide Methoden sind leicht zu erlernen. Sie profitieren von der assoziativen Funktionsweise des menschlichen Gehirns.

Loci-Technik

Die Loci-Technik (vom Lateinischen *locus*, »Ort«, »Platz«) ist eine rund 2500 Jahre alte visuelle, also bildliche Lerntechnik. Sie geht auf die alten Griechen zurück, die sie nutzten, um Textinhalte ihrer Reden auswendig zu lernen. Seit einigen Jahren erfreut sie sich zunehmender Beliebtheit und wird sehr häufig von professionellen Gedächtnissportlern genutzt, die sich in Wettbewerben zum Beispiel im Memorieren der korrekten Reihenfolge einzelner Spielkarten in einem gemischten Kartenblatt messen. Doch man muss gar nicht den Ehrgeiz haben, auf der Weltmeisterschaft der Gedächtnissportler neue Rekorde aufzustellen.

Die Loci-Technik nutzt eine besondere Fähigkeit unseres Gehirns, nämlich das räumliche Erinnerungsvermögen an vertraute Gebäude, Straßen, öffentliche Plätze, oder allgemein gesagt, an *Lokalisationen* (Orte), die bereits in unserem Langzeitgedächtnis gespeichert sind. Der Ansatz greift auf diese Lokalisationen zurück, um neue Informationen in Form von Bildern dort abzulegen.

Schauen wir uns ein Beispiel an: Sagen wir mal, Sie wollen sich die ersten fünf chemischen Elemente im Periodensystem merken: (1) Wasserstoff, (2) Helium, (3) Lithium, (4) Beryllium, (5) Bor. Im ersten Schritt wählen Sie einen vertrauten Ort, wie zum Beispiel die eigene Wohnung, das Haus Ihrer Großeltern, eine Straße, ein Einkaufszentrum, ein Schulgebäude oder ähnliches. Sobald Sie einen bestimmten Ort im Sinn haben, denken Sie sich eine Route, auf der Sie Fixpunkte festlegen, und zwar genau so viele wie Sie Lernwörter haben – in diesem Beispiel sind es fünf. Jeder der fünf Fixpunkte sollte markant und einprägsam sein. Beispiel: Haben Sie Ihre Wohnung als Erinnerungsort gewählt, legen Sie jeden Fixpunkt in ein anderes Zimmer.

Bleiben wir in Ihrer Wohnung. Sie könnten hier folgende fünf Fixpunkte wählen: (1) vor der Wohnungstür, (2) Flur, (3) Wohnzimmer, (4) Küche, (5) Schlafzimmer. Bevor Sie beginnen, nehmen Sie sich einen Augenblick Zeit, um jeden Raum zu visualisieren und die Route von einem zum anderen Raum in der immer gleichen Reihenfolge abzulaufen. Nun betreten Sie gedanklich Ihr Haus und legen die Fixpunkte wie oben dargelegt fest. Danach überlegen Sie sich für jedes Lernwort ein Assoziationsbild und verteilen jedes Bild einzeln auf jeweils einen Fixpunkt. Für den Wasserstoff zum Beispiel könnten Sie sich einen »Hydranten« denken, für Helium einen »Luftballon«, für Lithium einen »Lift«, für Beryllium eine »Biene« und für Bor einen »Bogen«.

Im letzten Schritt wandern Sie die Route gedanklich ab und sehen die Bilder an den entsprechenden Fixpunkten vor sich. In unserem Beispiel beginnen wir an der Wohnungstür, wo wir den Hydranten sehen, aus dem Wasser tropft, was uns an den »Wasserstoff« als das erste Element im Periodensystem erinnert. Dann gehen wir durch die Tür hinein in den Flur, wo wir den Luftballon (Helium) oben an der Decke schweben sehen. Weiter geht's in das Wohnzimmer, wo irgendwer einen Lift (Lithium) installiert hat. Danach gehen wir in die Küche, wo eine angriffslustige Biene (Beryllium) direkt auf uns zu schwirrt. Rasch flüchten wir uns ins Schlafzimmer, wo wir auf Bett einen Bogen (Bor) finden.

Lernwort	Bild	Fixpunkt	Bewegtbild
Wasserstoff	**Hydrant**	Fixpunkt 1: Eingangstür	ein tropfender Hydrant
Helium	**Luftballon**	Fixpunkt 2: Flur	ein an der Decke schwebender Luftballon
Lithium	**Lift**	Fixpunkt 3: Wohnzimmer	ein im Wohnzimmer installierter Lift
Beryllium	**Biene**	Fixpunkt 4: Küche	eine angriffslustige Biene
Bor	**Bogen**	Fixpunkt 5: Schlafzimmer	ein Bogen auf dem Bett

Die Story-Technik

Die Story-Technik ist eine visuelle Lerntechnik, bei der Sie eine Geschichte erfinden, um Lerninhalte zu memorieren. Das funktioniert prima, denn unser Gehirn ist sehr gut darin, sich an Geschichten zu erinnern. Wo die Loci-Technik vertraute Orte nutzt, um Bilder und die damit verbundenen Lerninhalte miteinander zu verknüpfen, nutzt die Story-Technik Geschichten, um Lerninhalte zu assoziieren. Ein Beispiel: Nehmen wir einmal an, Sie wollen die fünf flächenmäßig größten Länder der Welt lernen: Russland, Kanada, USA, China, Brasilien. Zuerst kreieren wir für jedes Land ein Bild – wie unten dargestellt:

Lernwort	Bild
Russland	Wladimir Putin
Kanada	*Kan*-ne
USA	Micky Maus
China	*Chi*-lischote
Brasilien	Fußballspieler

Jetzt verweben wir diese Bilder zu einer Geschichte. Lassen Sie Ihrer Kreativität freien Lauf, je ausgefallener und verrückter, desto besser. Zum Beispiel so: »Wladimir Putin (Russland) trinkt Wodka aus einer Kanne (Kanada). Kaum ist die Kanne leer, schleudert er sie in hohem Bogen von sich und merkt nicht, dass sie Micky Maus trifft (USA). Micky Maus hält gerade eine Chilischote (China) in der Hand, die aber prompt davonfliegt, als ihr die Kanne auf den Kopf knallt. Ein Fußballspieler (Brasilien), der gerade vorbeirennt, sieht die Chilischote nicht, rutscht darauf aus und fällt hin.«

Bauen Sie Ihre Geschichte als Kettengeschichte auf, das heißt, jedes Lernwort ist mit dem Bild davor und danach verknüpft.

Übung macht den Meister!

Will Ihnen partout kein einprägsames Bild einfallen? Auch hier gilt der alte Spruch »Übung macht den Meister«. Nach meiner Erfahrung werden Loci- und Story-Technik häufig vorschnell verworfen, da viele sie als zeitraubend und umständlich empfinden. Ja, es erfordert ein wenig Übung, aber geben Sie sich die Zeit. Probieren Sie es wenigstens fünf bis zehn Mal aus, um Ihre Merkfähigkeit zu trainieren und effizienter nutzen zu können – es lohnt sich!

KURZ UND KNAPP

LOCI-TECHNIK UND STORY-TECHNIK

Um Lernbegriffe (aus einer Liste oder Gruppe) in der richtigen Reihenfolge wiedergeben zu können, können Sie folgende Techniken anwenden:

- Loci-Technik: Kreieren Sie für jedes Lernwort ein Bild. Danach wählen Sie einen Ort (*Lokalisation*), der Ihnen vertraut ist (z. B. Wohnung, Schule, Einkaufszentrum). Durch diesen Ort denken Sie sich eine Route, auf der Sie Fixpunkte festlegen, und zwar genau so viele, wie Sie Lernwörter haben. Verteilen Sie nun jedes gedachte Bild einzeln auf jeweils einen Fixpunkt.
- Story-Technik: Denken Sie sich für jedes Lernwort ein Bild. Die Bilder verweben Sie dann zu einer Geschichte, und zwar so, dass ein Bild zum nächsten führt.

TEIL 1 IM ÜBERBLICK

- Zeit ist ein knappes Gut! Es gilt, sie klug und mit Bedacht zu nutzen. Schreiben Sie Termine auf, und führen Sie eine To-do-Liste. Nutzen Sie Leerlaufzeiten, um einfache Dinge zu erledigen. Verfallen Sie nicht ins *Multitasking* (ist zwar ein verlockendes Konzept, weil es scheinbar Zeit spart, wirkt sich aber negativ auf die Lernleistung aus).
- Finden Sie heraus, welche Lerninhalte in welchem Seminar für den Lernerfolg am wichtigsten sind. Überarbeiten Sie ausgehändigte Unterlagen, wiederholen Sie wichtige Inhalte, fragen Sie bei Unklarheiten nach und gehen Sie alte Prüfungen durch. Legen Sie sich eine Lernstrategie zurecht.
- Nehmen Sie die Grundprinzipien des Lernens in Ihren Studienansatz auf: Aufmerksamkeit/Konzentration (*attention*), Sinnvollzug (*meaningfulness*), Relevanz (*relevance*), Überblick (*overview*), gedankliche Verknüpfung/Assoziationsbild (*association*), Engagement (*involvement*), Spacing-Effekt (*spacing*), Erfolgskontrolle (*testing*), Variation der Lernumgebung (*variation*), Visualisierung (*visualisation*).
- Verständiges Lernen und Erinnerungsvermögen (will heißen, das Verstehen von Zusammenhängen und das Erinnern des Erlernten) sind eng miteinander verknüpft. Umso besser und gründlicher wir etwas verstehen, umso leichter können wir es erinnern.
- Lernen Sie, wann immer Sie voller Energie und hochmotiviert sind. Achten Sie darauf, dass Sie unabgelenkt und störungsfrei arbeiten können. Pausieren Sie alle 50 Minuten oder je nach Bedarf.
- Um das Optimum aus Vorlesungen und/oder Seminaren herauszuholen, bringen Sie sich aktiv ein. Stellen Sie Fragen. Wählen Sie einen Platz in den vorderen Reihen, damit Sie Tafel, Whiteboard oder Bildschirme gut sehen und den Dozenten gut hören kön-

nen. Außerdem werden Sie weniger abgelenkt sein, da vergleichsweise weniger Studenten direkt vor Ihnen sitzen.

- Tun Sie sich mit anderen zusammen. Bilden Sie Lerngruppen. Aber Achtung: Die Zeit nicht verplempern, sondern konzentriert bei der Sache bleiben! Legen Sie vor jeder Sitzung gemeinsam fest, wie viel von welchem Stoff Sie in wie viel Zeit schaffen wollen. Halten Sie die Größe der Lerngruppe klein – zwei bis sechs Leute sind ideal.
- Effektives Lesen heißt, das Gelesene zu verstehen und zu behalten, und nicht, die Seiten möglichst schnell umzublättern. Passen Sie Ihr Lesetempo dem Schwierigkeitsgrad des Textes an. Sie müssen nicht ALLES lesen.
- Eine gute Lesetechnik hilft, die Grundprinzipien für effektives Lernen während des Lesens umzusetzen. Optimieren Sie Ihre Lesetechnik mit der SOAR-Strategie: *Survey* (Überblick), *Outcome* (Lernziel), *Associate* (Assoziation), *Recite* (Wiedergeben).
- Um Ihre Lesegeschwindigkeit zu steigern, sollten Sie mindestens zwei oder drei Wörter pro Fixierung aufnehmen. Dabei setzen Sie mit dem Finger als Taktgeber das Tempo, während die Augen der gleichmäßigen Bewegung Ihres Fingers Zeile um Zeile durch den gesamten Text folgen. Mit ein klein wenig Übung haben Sie den Bogen schnell raus.
- Für Mitschriften und Notizen nutzen Sie die SOCK-Technik: *Self-made* (selbstgefertigt), *Organised* (organisiert), *Concise* (kurzgefasst), *Keywords* (Schlüsselbegriffe)
- Um ein Mind-Map zu erstellen, beginnen Sie in der Mitte des Blattes. Verwenden Sie pro »Ast« nur ein bis zwei Wörter, und schreiben Sie horizontal nach rechts, damit Sie das Blatt bzw. das Mind-Map später nicht drehen müssen, um alles gut lesen zu können. Lassen Sie Ihrer Kreativität freien Lauf: Arbeiten Sie mit Farben, Symbolen und kleinen Bildern.

- Setzen Sie den Textmarker sparsam ein, und markieren Sie nicht unnötig viel. Grobe Regel: Nicht mehr als 20 Prozent. Halten Sie zwischendurch inne und überlegen Sie, welche der Informationen am wichtigsten sind. Markieren Sie entweder alles in einer Farbe, oder denken Sie sich ein Farbsystem aus.
- Finden Sie Muster oder bilden Sie Assoziationen, um Dinge zu memorieren. Entwickeln Sie Merkhilfen (Eselsbrücken) in Form von Regeln, Reimen, Kunstwörtern (Akronymen) oder Merksätzen. Auch Lernkärtchen sind wertvolle Gedächtnisstützen.
- Die Visualisierung, das heißt, die gedankliche Umsetzung von Wörtern/Begriffen oder Zahlen in Bilder, ist eine der stärksten Mnemotechniken überhaupt.
- Visualisierungen sind besonders effektiv, wenn Sie mit Leben erfüllt sind – mit Bewegungen, Interaktionen, Absurditäten.
- Die Loci-Technik ist ideal, um die Abfolge von Lernwörtern auf einer Liste in der korrekten Reihenfolge zu memorieren. So geht's: Kreieren Sie für jedes Lernwort ein Bild. Wählen Sie dann einen Ort (*Lokalisation*), der Ihnen vertraut ist (z. B. Wohnung, Schule, Einkaufszentrum). Durch diesen Ort denken Sie sich eine Route, auf der Sie Fixpunkte festlegen, und zwar genau so viele, wie Sie Lernwörter haben. Verteilen Sie nun jedes gedachte Bild einzeln auf jeweils einen Fixpunkt. Oder Sie nutzen die Story-Technik, indem Sie eine Geschichte erfinden, in die Sie gedachte Bilder und die damit verbundenen Lerninhalte einbringen, und zwar so, dass ein Bild zum nächsten führt.

TEIL 2
OPTIMALE LERNERFOLGE

PRÜFUNGSVORBEREITUNG

SO BESTEHEN SIE JEDE KLAUSUR!

In den Tagen und Wochen vor einer Klausur oder Prüfung können Sie noch einmal richtig Gas geben und viel erreichen. Das ist wichtig zu wissen, vor allem, wenn Sie zu den Bummelanten gehören und das Semester über nicht wirklich viel getan haben.

Höchste Zeit, noch einmal durchzustarten!

Sie können nicht erwarten, alles zu behalten, was Sie sich binnen weniger Tage eingepaukt haben. Wie wir unter dem Stichpunkt »Lernprinzip *Spacing*-Effekt« erfahren haben, ist es wichtig, die Lerneinheiten zeitlich zu verteilen, damit Sie ins Langzeitgedächtnis wandern. Nichtsdestotrotz können Sie davon ausgehen, dass Sie einen Großteil dessen, was Sie auf den letzten Metern vor der Prüfung büffeln, auch behalten werden. Von daher können Sie noch immer eine gute Note erzielen (oder zumindest eine sehr viel besser als ohne ein strategisch cleveres Konzept), sofern Sie die Tage vor der Prüfung klug nutzen.

Spätestens jetzt, in den Tagen vor einer wichtigen Klausur, wenn wir merken, dass wir alles andere als vorbereitet sind, baut sich Prüfungsdruck auf. Die Zeit rennt, und mit der ewigen Aufschieberei ist es endgültig vorbei. Doch der Druck hat durchaus positive Wirkung, denn er dürfte uns motivieren, Zeit freizuschaufeln, um fokussiert zu lernen. Nutzen Sie die Gelegenheit, ganz gleich, ob Sie bereits während des Semesters fleißig waren oder nicht. Versuchen Sie, in der Zeit vor einer Prüfung sämtliche Termine im Kalender zu streichen, damit Sie genug Lernzeit haben. Halten Sie sich alle sonstigen Termine möglichst vom Hals. Wer einem Nebenjob nachgeht, sollte seine Schichten in dieser Zeit besser tauschen. Jetzt heißt es: sich auf den Hosenboden setzen und büffeln, gezielt und konzentriert arbeiten, und zwar so effektiv und effizient wie möglich.

Simulieren Sie Prüfungssituationen

Viele Sportler, Musiker und andere Künstler üben Ihre Vorstellungen unter Bedingungen, die so nah wie möglich an reale Aufführungen oder Wettkämpfe herankommen. Genau so sollten auch Sie es vor einer wichtigen Klausur oder Prüfung halten. Wenn die Prüfung zum Beispiel analytisches Denken verlangt, hilft es nichts, den Stoff nur auswendig zu lernen. Üben Sie vielmehr Anwendung und Präsentation zentraler Inhalte sowie Lösungsansätze für verschiedene Aufgaben – so, wie es in der Prüfung verlangt wird; dies fördert und verbessert zugleich auch Ihr logisches Denkvermögen und Gedächtnis. Zur Prüfungsvorbereitung können Sie alte Prüfungen heranziehen; und falls keine verfügbar sind, erstellen Sie selbst eine Liste mit Fragen und/oder Aufgaben, die den potenziellen Prüfungsaufgaben möglichst ähnlich sind. Mehr dazu gleich.

Vorbereitung mit alten Prüfungen

Die Vorbereitung mit alten Prüfungsunterlagen hat gleich mehrere Vorteile: (1) Im Mittelpunkt des Prüfungsformats stehen die maßgeblichen Kerninhalte des Studienplans, die auch im aktuellen Semester nach wie vor gelten sollten. (2) Sie können sich in einer simulierten Prüfungssituation ganz in Ruhe ausprobieren, was Ihnen ein besseres (theoretisches) Rüstzeug für die reale Prüfungssituation gibt und den Stresspegel mindern dürfte. (3) Eine solche Übung wird Ihre Stärken und Schwächen im Hinblick auf prüfungsrelevante Bereiche hervorkehren, was Ihnen hilft, sich strategisch besser vorzubereiten.

Idealerweise haben Sie mehrere alte Prüfungen samt Lösungsschlüssel zur Hand. Stecken Sie so viel Zeit wie möglich in die Vorbereitung. Wann immer Sie zu einer falschen Lösung kommen oder auf etwas stoßen, das Sie nicht verstehen, dann schlagen Sie nach, fragen Sie einen Kommilitonen oder nutzen Sie Google. Sobald Sie es geschafft und sämtliche alte Prüfungen durchgeackert haben, üben Sie weiter. Nehmen Sie sich beispielsweise noch einmal Übungsaufgaben aus dem Unterricht oder Lehrbuch vor. Gehen Sie noch einmal eigene alte Klausuren durch, insbesondere die Stellen, mit denen Sie zu kämpfen hatten.

Denken Sie sich eigene Prüfungsfragen aus!

Beginnen Sie, indem Sie noch einmal Schlüsselkonzepte, Fachbegriffe und Fakten formulieren. Anhand des Vorlesungsstoffes sowie aller übrigen Informationen, die Sie zum Prüfungsinhalt haben, überlegen Sie sich dann Fragetypen, die Sie in der Prüfung für möglich halten. Formulieren Sie Ihre Antworten darauf in Ihren eigenen Worten aus – so, als würden Sie in diesem Moment in der Prüfung sitzen. Sich mit einem Thema zu befassen und konstruierte Fragen detailliert auszuarbeiten, hat den Vorteil, dass die Antworten darauf sehr viel besser haften bleiben und im eigentlichen Examen schnell abrufbar sind.

Ich persönlich habe von dieser Praktik schon enorm profitiert. Es schien, als säßen mir sogar noch die »Schreibbewegungen« aus meinen häuslichen Übungsstunden in den Fingern. In meiner Studienzeit an der UC Berkeley kam mir diese Lerntechnik sehr zugute und bescherte mir im Seminar über »Entwicklung und Globalisierung« eine wahre Traumprüfung. Bereits vor der Prüfung hatten wir sechs Auswahlfragen erhalten, von denen zwei, so hieß es, in der Prüfung drankommen würden. Ich setzte mich also hin und formulierte zu jeder einzelnen Frage eine wohl durchdachte, ausführliche Antwort. Die Mühe hat sich gelohnt: Ich erzielte die bestmögliche Note!

Wichtig ist: Ein klares Selbstbild haben

Wie sagte Sokrates dereinst? »Lerne dich selbst kennen!?« Um eine optimale Prüfungsleistung erzielen zu können, ist es wichtig, dass

Sie erkennen, wo Ihre Schwächen liegen, um dann gezielt daran zu arbeiten.

Auch ich hatte mit so einer Schwäche zu kämpfen, einer Art Dauerproblem, das darin bestand, in Klausuren und Prüfungen nicht rechtzeitig fertig zu werden. Unzählige Male war ich völlig am Boden, wenn das Prüfungsende nahte und ich nicht alle Fragen innerhalb der vorgegebenen Zeit beantwortet hatte. Immer wieder musste ich Fragen teilweise oder komplett unbeantwortet lassen. Leider brauchte ich viel zu lange um zu erkennen, dass ich diese große Schwäche unbedingt in den Griff kriegen musste. Ich begann also, daran zu arbeiten und merkte schnell, dass es nur einer kleinen Änderung für eine große Wirkung bedurfte: Anstatt alte Prüfungen einfach nur durchzuarbeiten, stellte ich mir nun eine Stoppuhr daneben und gab mir selbst nur so viel Zeit, wie ich sie in der Prüfung haben würde – keine Sekunde mehr. Dies bedeutete, dass ich die Aufgaben nicht nur übte, sondern zusätzlich ein wichtiges Element aus realen Prüfungssituationen integrierte: den Zeitfaktor. Schnell lernte ich, die Zeit effektiver einzuteilen, und meine Noten verbesserten sich.

Von den Besten der Besten lernen

Manchmal braucht es Inspiration von außen, um die eigenen Leistungen zu verbessern, um neue und bessere Wege zu erkennen. Dies gilt insbesondere, wenn es um das Lösen komplexer, quantitativer Aufgaben oder um das Formulieren gut strukturierter Antworten geht. Ohne auch mal nach rechts oder links zu schauen, laufen wir Gefahr, bessere Strategien, die möglicherweise zu besseren Noten führen könnten, zu verpassen.

Um die eigene Leistung zu verbessern, empfiehlt es sich, einen Blick in alte Klausuren, Hausarbeiten oder schriftliche Tests der Studienbesten zu werfen. Sprechen Sie die Einser-Kandidaten in Ihrem direkten Umfeld doch einfach einmal darauf an. Oder fragen Sie Ihren Dozenten, ob er ein paar bewährte Übungsaufgaben für Sie hat, die er Ihnen zur Vorbereitung auf die Prüfung überlassen kann.

Wenn Sie alte Klausuren von Beststudenten bearbeiten, kommt es darauf an, alle wichtigen Inhalte zu ermitteln. Was zeichnet die gegebenen Antworten/Lösungen aus? Hätte ich ähnliche Antworten gegeben? Worin hätten sich meine Antworten unterschieden? Vergleichen Sie sich!

Erstellen Sie einen Aktionsplan!

Wenn mehrere Prüfungen vor der Tür stehen, Sie enorm viel zu büffeln haben und Ihnen die Zeit davonläuft, erstellen Sie am besten einen Aktionsplan. Ein solcher Plan führt Ihnen vor Augen, wann welche Prüfung stattfindet, wie viele Tage Sie bis dahin verbleiben und wie Sie diese Tage zur Vorbereitung für welche Prüfung nutzen.

Ein Aktionsplan mit Prüfungstagen und Aufgaben für die jeweiligen Wochentage kann wie folgt aussehen:

Monat	Woche	Montag	Dienstag	Mittwoch	Donnerstag	Freitag	Samstag	Sonntag
Mai	**19**	9 Finanz-wesen	10 Finanz-wesen	11 Finanz-wesen	12 Finanz-wesen	13 Finanz-wesen	14 Finanz-wesen	15 Finanz-wesen
Mai	**20**	16 Statistik	17 Frei	18 Hausarbeit Finanz-wesen	**19 EXAMEN: STATISTIK**	20 Hausarbeit Finanz-wesen	21 Hausarbeit Finanz-wesen	22 Hausarbeit Finanz-wesen
Mai	**21**	23 Hausarbeit Finanz-wesen	**24 EXAMEN: FINANZ-WESEN**	25 Spanisch	26 Spanisch	27 Spanisch	28 Hausarbeit Spanisch	29 Hausarbeit Spanisch
Juni	**22**	**30 EXAMEN: SPANISCH**	31 Psycho-logie	1 Psycho-logie	2 Psycho-logie	3 Psycho-logie	4 Psycho-logie	
Juni	**23**	6 Hausarbeit Psycho-logie	**7 EXAMEN: PSYCHO-LOGIE**	8 SOMMER-FERIEN	9	10	11	12
Juni	**24**	13	14	15	16	17	18	19
Juni	**25**	20	21	22	23	24	25	26
Juni	**26**	27	23	29	30			

Detaillierter Arbeitsplan

Wenn eine Klausur die nächste jagt und Sie mit Ihrer Vorbereitung kaum hinterherkommen, erstellen Sie am besten einen detaillierten Arbeitsplan. Er zeigt ganz genau, was wann zu erledigen ist. Oft nämlich bleibt auf den letzten Metern keine Zeit, um alles zu schaffen. Doch so ein detaillierter Plan hilft Ihnen, anstehende Aufgaben nach Wichtigkeit und Dringlichkeit einzuordnen, alles Unwichtige auszusortieren und sich auf die wesentlichen Inhalte zu beschränken. Und das bedeutet am Ende weniger Stress und bessere Noten.

Hier ein Beispiel, wie so ein detaillierter Vorbereitungsplan auf ein bestimmtes Fach aussehen könnte:

Tag	Wochentag	Lernaufgabe
1	Dienstag	Kapitel 1–3
2	Mittwoch	Kapitel 4–5
3	Donnerstag	Kapitel 6–8
4	Freitag	Kapitel 9–12
5	Samstag	Nachbereitung Kommentare, Notizen
6	Sonntag	alte Klausuren
7	Montag	alte Klausuren
8	Dienstag	PRÜFUNG

Achtung: Wie Sie streckenweise bemerken werden, brauchen bestimmte Aufgaben mal mehr oder auch mal weniger Zeit als geplant. Und andere wiederum entpuppen sich als wichtiger oder weniger wichtiger als gedacht. Kein Problem, passen Sie den Plan einfach an.

KURZ UND KNAPP

PRÜFUNGSVORBEREITUNG

- Die Zeit drängt, die Prüfung rückt näher, Druck baut sich spürbar auf. Doch Prüfungsdruck hat auch eine positive, leistungssteigernde Wirkung, was Sie durchaus für sich nutzen können. Halten Sie sich alle sonstigen Termine vom Hals, damit Sie genug Lernzeit haben.
- Üben Sie mit alten Klausuren oder formulieren Sie Antworten auf potenzielle Prüfungsfragen.
- Wichtig ist: Ein klares Selbstbild haben. Finden Sie heraus, wo Ihre Schwächen liegen, um gezielt daran zu arbeiten.
- Erstellen Sie einen Aktionsplan, um die Lernzeit in der Prüfungsphase klug und optimal zu nutzen.

PRAKTISCHE VORBEREITUNG

Damit Sie auch mental für die Prüfung gut gerüstet sind, hier ein paar praktische Last-Minute-Tipps für den Tag unmittelbar vor der Prüfung:

Am Abend davor

Legen Sie sich am Vorabend alles zurecht, was Sie für die Klausur am nächsten Tag brauchen. So beugen Sie morgendlicher Hektik vor, verringern das Risiko, wichtige Utensilien (wie zum Beispiel einen Taschenrechner) zu vergessen und haben insgesamt weniger Stress. Ganz wichtig: Nicht verschlafen! Gehen Sie auf Nummer sicher, und stellen Sie mehrere Wecker, darunter mindestens einen, der batteriebetrieben ist, falls in der Nacht der Strom ausfällt oder irgendein Gerätefehler auftritt. Sie können auch Freunde oder Eltern bitten, sie morgens rechtzeitig rauszuklingeln. Klären Sie, wo genau die Prüfung stattfindet und wie Sie am besten dort hinkommen. Rechnen Sie für die Anfahrt zum Prüfungsort einen Zeitpuffer ein, um eventuelle Staus, Bus-/Bahnverspätungen oder Umleitungen abzufangen.

Kleidung

Was wir tragen, hat Einfluss auf unser Selbstbewusstsein und Körpergefühl insgesamt. Und dies gilt auch für Studenten. Nutzen Sie diese Tatsche, und wählen Sie Kleidung, die Ihren Prüfungserfolg positiv beeinflussen wird. Das heißt, Sie sollten sich mit der Kleidung, die Sie tragen, wohlfühlen, um Selbstsicherheit auszustrahlen:

- **Wohlgefühl:** Kleidungsstücke, die schlecht sitzen, in denen man friert oder schwitzt, lassen Sie am besten im Schrank. Sie schaffen nur unnötiges körperliches Unbehagen und wirken sich negativ auf Konzentration und geistige Energie aus. Ganz praktisch ist eine Jacke (oder auch Kapuzenjacke mit Reißverschluss), die man je nach Zimmertemperatur leicht ablegen kann.

- **Selbstbewusstsein:** Kleidung, die Ihnen gutsteht, oder die Sie mit Erfolg oder anderen positiven Eigenschaften verbinden, stärkt Ihr Selbstbewusstsein.

Essen und Trinken

Lassen Sie sich nicht von einem knurrenden Magen ablenken. Wenn Sie mit Hunger oder Durst in eine Prüfung gehen, wird Ihr Körper Sie unentwegt daran erinnern, dass er unbefriedigt ist. Nehmen Sie sich deshalb Zeit, vor der Prüfung ordentlich zu essen. Und falls eine Prüfung mal länger geht, nehmen Sie ausreichend Essen und Trinken mit (sofern erlaubt). Und noch ein Tipp: Um Magenverstimmungen zu vermeiden, essen Sie vor und während der Prüfung nur Speisen, die Ihr Körper kennt und gewohnt ist, insbesondere dann, wenn die Prüfung länger dauert.

Schlaf

Ausreichend Schlaf ist wichtig. Ein ausgeruhter Geist denkt schneller und kann sich besser konzentrieren. Leicht gesagt, denn Aufregung und Nervosität lassen uns ausgerechnet vor einer großen Prüfung oft nicht schlafen. In solchen Fällen ist es beruhigend zu wissen, dass man auch ohne ausgeschlafen zu sein, sehr gut abschneiden kann. Das Gehirn nämlich schüttet genug chemische Signalstoffe aus, um Geist und Körper ausreichend Energie zu geben, die prüfungsbedingte Stresssituation zu bewältigen. Kein Grund also, sich verrückt zu machen. Sie sollten jedoch versuchen, die Nächte vor der Prüfung ausreichend Schlaf zu bekommen, denn eine unruhige Nacht steckt unser Körper besser weg als mehrere schlaflose Nächte in Folge.

Wie aber ist das mit dem kurzfristigen Pauken für eine Klausur oder Prüfung: Gibt es überhaupt Situationen, in denen es lohnt, sich wachzuhalten und bis spät in die Nacht zu büffeln? Nun, wenn Sie zum Beispiel das Gefühl haben, völlig unvorbereitet zu sein und jede Minute nutzen zu müssen, um dem Kurzeitgedächtnis noch so viel Stoff wie möglich einzuhämmern, bleibt Ihnen wohl nichts anderes übrig. Nur hätten Sie vielleicht eher mit dem Lernen anfangen sollen, um so eine Stresssituation von vornherein zu vermeiden. Wenn Sie folgende Kriterien erfüllen, können Sie mit Nachtschichten durchaus noch einiges retten und Ihre Prüfungsnote aufbessern:

1. Sie haben nur minimal für die Prüfung gelernt und fühlen sich völlig unvorbereitet.
2. Die Prüfung ist kurz (zwei Stunden oder weniger).
3. Sie haben die Nächte zuvor ausreichend Schlaf bekommen.
4. Die Prüfung fragt Standardwissen ab und verlangt nicht, dass Sie kreative Lösungsansätze für komplexe Aufgaben finden.

Prüfungstag

- **Letzte Kontrolle:** Überprüfen Sie ein letztes Mal, ob Sie alles Nötige parat haben: Stift, Lineal, Taschenrechner, Wörterbuch usw. Fehlt etwas? Manchmal können Utensilien auch beim Prüfer ausgeliehen werden.
- **Essen und Trinken:** Achten Sie darauf, ausreichend Essen und Trinken mitzunehmen (sofern gestattet), insbesondere für längere Prüfungen.
- *Innere Einstellung*: Gehen Sie positiv in die Prüfung. Sagen Sie sich: »Ich schaffe das!.« Nutzen Sie Visualisierungstechniken oder bestärkende Worte, um in Bestform zu kommen, und schalten Sie leistungshemmende Angstgefühle aus (mehr zum Thema »Positives Denken« in Kapitel 3).

KURZ UND KNAPP

PRAKTISCHE VORBEREITUNG

- Legen Sie sich am Vorabend alles Nötige für den Prüfungstag zurecht.
- Wählen Sie Kleidung, in der Sie sich wohl fühlen, denn nur so wirken Sie überzeugt und selbstbewusst.
- Hunger und Durst sind unnötige Quälgeister. Achten Sie darauf, *vor* und gegebenenfalls auch *während* der Prüfung ausreichend zu essen und zu trinken.
- Wer in der Nacht vor einer großen Prüfung nicht schlafen kann, sollte versuchen, die Nächte vor der Prüfung ausreichend Schlaf zu bekommen.

SCHRIFTLICHE PRÜFUNGEN

SCHRIFTLICHE PRÜFUNGEN

Auch wenn Sie gut vorbereitet sind und alles gelernt haben, ist eine gute Note nicht automatisch garantiert. Dazu müssen Sie die Prüfung erst erfolgreich bewältigen. In diesem Kapitel wollen wir ein paar einfache, aber wirkungsvolle Methoden betrachten, um Ihre Chancen auf gute Prüfungsnoten zu maximieren.

Für schriftliche Prüfungen gilt: Nutzen Sie die angesetzte Zeit bis zur allerletzten Minute

Würde ein Formel-1-Fahrer, der das Rennen anführt, kurz vor der Ziellinie vom Gas gehen, nur weil er weiß, dass er wohl uneinholbar gewinnen wird? Natürlich nicht! In Wettkämpfen geben Profi-Sportler zu jeder Zeit 100 Prozent. Studenten sollten die gleiche Einstellung haben. In Prüfungen schöpfen viele die anberaumte Zeit nicht vollauf aus, geben Klausuren vorzeitig ab und gehen, sobald sie das Gefühl haben, ihr Möglichstes getan zu haben. Eine schlechte Strategie. Sich nur ein oder zwei Minuten länger mit den Aufgaben zu befassen, kann den Unterschied zwischen einer besseren und einer schlechteren Note ausmachen.

Wenn Sie früher fertig sind und alle Fragen vollständig beantwortet haben: Glückwunsch! Sie sind nicht in Zeitnot geraten und haben sich die vorgegebene Zeit offenbar gut eingeteilt. Aber halt, gehen Sie noch nicht! Nutzen Sie die restliche Zeit, um Ihre Antworten noch einmal durchzugehen und zu prüfen. Lesen Sie die Fragen noch einmal durch, und kontrollieren Sie, ob Sie sie auch richtig verstanden und nichts übersehen haben. Kontrollieren Sie auch Ihre Antworten noch einmal. Haben Haben Sie irgendetwas falsch oder uneindeutig formuliert? Haben Sie alle Maßeinheiten korrekt verwendet? Die Endkontrolle hilft, eventuelle Fehler zu finden und Feinschliffe vorzunehmen, was Ihre Noten möglicherweise deutlich verbessern kann.

Prüfungsstrategie

Ich will Ihnen eine dreistufige Strategie vorstellen, die Sie praktisch für alle Klausuren und Prüfungen nutzen können – die *CPR-Strategy*, wie sie im Englischen heißt. CPR steht für **C**larify, **P**lan, **R**eview (Klarheit, Planung, Kontrolle).

Clarify – Verschaffen Sie sich Klarheit!

Lesen Sie die Aufgabenstellung zuerst sorgfältig durch, damit Sie ganz genau verstehen, was zu tun ist. Eine schlechte Note zu bekommen, weil man die Anweisung nicht versteht, lässt sich so leicht vermeiden, dennoch kommt es immer wieder vor. »Wie können die von uns verlangen, vier ellenlange Abhandlungen zu schreiben«, hatte sich einer meiner Studienkollegen nach einer Klausur mal beschwert. Dabei lautete die Anweisung, nur eine der vier Aufgaben zu bearbeiten!

Also, lesen Sie jede Frage komplett und gründlich durch, bevor Sie mit Ihrer Antwort beginnen, am besten mehrmals, um auf Nummer sicher zu gehen. Ein typischer, hausgemachter Fehler ist es, vor lauter Nervosität zu schnell loszulegen und nicht ausreichend Zeit zu verwenden, um die Aufgabenstellungen auch ganz genau zu verstehen. Ihre Antwort mag vielleicht gut und detailliert ausgeführt sein, aber wenn sie am Thema vorbeistreift, gehen Ihnen Punkte flöten.

Wenn eine Frage sehr lang und komplex ist, müssen Sie sichergehen, dass Sie jede einzelne Teilfrage erkennen und verstehen, damit Ihre Antwort die Frage in ihrer Gesamtheit umfasst. Wenn eine Formulierung unpräzise und/oder unverständlich ist, bitten Sie den Dozenten um Klärung. Ich hatte einmal eine Mathe-Aufgabe zu lösen, die mit der Schnittfläche eines Diamanten zu tun hatte. Ich hatte damals keinen Schimmer, was eine Schnittfläche überhaupt ist! Anstatt herumzuraten, weil ich mich scheute nachzufragen, gab ich mir einen Ruck, sprach den Dozenten an und erhielt prompt eine hilfreiche Erklärung. Kurzum: Riskieren Sie nicht, eine Aufgabe falsch zu verstehen, wenn Sie die Chance haben, sich Klarheit zu verschaffen. Gibt der Dozent oder Prüfer keine Auskunft, sollten Sie dennoch darauf hinweisen, dass die Aufgabe unklar formuliert ist und sie dann so lösen, wie Sie sie verstanden haben. Stellt sich im Nachhinein heraus, dass es den Anderen ähnlich erging, wird der Korrektor die Notengebung entsprechend anpassen oder mildern.

Beispiel: »Geben Sie eine detaillierte Beschreibung zum Vermächtnis von Premierminister Lee.« Sie gehen davon aus, dass sich die Frage auf Lee Kuan Yew bezieht, gleichwohl aber könnte auch Lee Hsien Loong gemeint sein. Beide sind namhafte Persönlichkeiten und Politiker der Republik Singapur. Wenn Sie nicht klären können, auf welchen der beiden Premierminister sich die Aufgabe bezieht, könnten Sie Ihre Antwort wie folgt einleiten: »Beide Premierminister, Lee Kuan Yew und Lee Hsien Loong, hinterließen ein bedeutendes Erbe, ich werde mich hier aber auf das Vermächtnis von Lee Kuan Yew konzentrieren, da ich die Aufgabenstellung dahingehend interpretiere.« So signalisieren Sie dem Prüfer, dass die Aufgabe nicht präzise genug formuliert ist, was gleich zwei Vorteile hat: Zum einen lassen Sie erkennen, dass Sie über mehr als einen Premierminister Bescheid wissen, was Ihnen möglicherweise ein paar extra Punkte einträgt, und zum anderen beugen Sie einem Punktabzug vor, sollte sich die Aufgabe tatsächlich auf den anderen Premierminister Lee beziehen.

Plan – Gehen Sie planvoll vor, und behalten Sie die Uhr im Blick!

Überlegen Sie, wie Sie die anberaumte Prüfungszeit nutzen und mit welchen Aufgaben Sie beginnen wollen. So behalten Sie den Überblick und vermeiden zwei der häufigsten Stolperfallen: Die eine ist, dass Ihnen die Zeit davonläuft, die andere, dass Sie sich für manche Aufgaben zu viel Zeit, für andere zu wenig Zeit nehmen. Und die meisten Dozenten geben dem Studenten, der fünf von fünf Aufgaben zufriedenstellend beantwortet, eine sehr viel bessere Note als dem, der drei von fünf Aufgaben zwar mustergültig löst, die anderen zwei aber einfach unbearbeitet lässt.

So gehen Sie effektiv und gezielt vor: Nehmen Sie die Gesamtzeit, die für die schriftliche Prüfung anberaumt ist, ziehen Sie dann für jede volle Stunde 5 bis 10 Minuten ab, und teilen Sie die so ermittelte Zeit durch die Anzahl der Fragen. Beispiel: Es gibt 5 Aufgaben und 3 Stunden Zeit. Ziehen Sie insgesamt 30 Minuten ab (10 Minuten pro Stunde) und teilen Sie dann die restlichen 2,5 Stunden durch fünf (fünf Fragen). Das ergibt am Ende eine halbe Stunde Zeit pro Frage. Bestünde die Prüfung aus 25 Aufgaben, hätten Sie 6 Minuten pro Aufgabe. Die errechnete Zeit pro Frage bietet eine gute zeitliche Orientierung, um alle Prüfungsaufgaben erfolgreich zu schaffen. Beachten Sie die Punkteverteilung der einzelnen Aufgaben. Ist sie unterschiedlich gewichtet, teilen Sie Ihre Zeit entsprechend ein. Beispiel: Falls Sie insgesamt 100 Punkte erreichen können, verteilt auf drei Aufgaben mit jeweils 50, 30 und 20 Punkten, nehmen Sie sich mehr Zeit für die Aufgaben mit den meisten Punkten und weniger Zeit für Aufgaben mit den wenigsten Punkten.

Warum 5 bis 10 Minuten abziehen? Diese paar Minuten dienen als Sicherheitspuffer und zur Nachkontrolle. Halten Sie sich beispielsweise länger als geplant mit einer Aufgabe auf, haben Sie einen zeitlichen Spielraum. Die verbleibende Zeit am Ende der Klausur sollte zur Kontrolle genutzt werden (letzte Durchsicht, Korrekturen, Verfeinerung).

Ganz wichtig: Sie müssen die Aufgaben nicht der Reihe nach lösen, es sei denn es ist explizit verlangt. Lassen Sie schwierige Aufgaben erst einmal beiseite und fangen Sie mit der Aufgabe an, die Ihnen am leichtesten erscheint. Diese Taktik hat gleich zwei Vorteile. Erstens: Sie finden so einen sanften Einstieg in die Klausur und stärken zugleich Ihr Selbstvertrauen. Zweitens: Sie vermeiden unnötig Stress. Denn würden Sie umgekehrt mit einer schweren Aufgabe beginnen, laufen Sie Gefahr, viel zu viel Zeit zu »vertun«, die Ihnen am Ende für die leichteren Fragen fehlen wird. Schlimmstenfalls hätten Sie jede Menge Zeit auf eine schwierige Aufgabe verwendet, sie nichtsdestotrotz verhauen und gar keine Zeit mehr, die leichteren Aufgaben zu schaffen. Wenn Sie sich hingegen von den leichten zu den schwierigen Aufgaben vorarbeiten, haben Sie gegen Ende der Zeit schon einen Großteil der Punkte geholt und können die gesamte restliche Zeit für die schwierigeren Aufgaben verbrauchen, ohne unter Zeitdruck zu geraten.

Review – Nehmen Sie eine letzte Kontrolle vor!

Gehen Sie die Klausur noch einmal durch, bevor Sie sie abgeben. Sofern Sie einen Zeitplan ausgerechnet und eingehalten haben, sollten dafür noch einige Minuten übrig sein. Nutzen Sie diese Restzeit, um Ihre Antworten noch einmal gründlich durchzugehen. Überprüfen Sie noch einmal, ob Sie alle Fragen auch wirklich richtig verstanden und bestmöglich beantwortet haben. Korrigieren Sie eventuelle missverständliche Formulierungen und ergänzen Sie wichtige Punkte oder Details, die Sie im ersten Durchgang vielleicht vergessen haben. Fehler sind menschlich. Doch Sie haben jetzt noch einmal die Chance, sie zu korrigieren und damit ihre Note zu verbessern. Auch der kleinste ausgemerzte Fehler kann die Endnote deutlich anheben.

Wenn die Zeit davonläuft ...

Geht Ihr Zeitplan nicht auf, und Sie merken, dass Sie nicht mehr alle Fragen vollständig schaffen, ist es strategisch klüger, die verbleibende Zeit zu nutzen, um mit den restlichen Aufgaben anzufangen und wenigstens etwas zu Papier zu bringen. Schreiben Sie beispielsweise die wichtigsten Fakten nieder oder skizzieren Sie, wie Sie die Aufgabe lösen würden, welche Formel Sie anwenden würden und so weiter. Prüfer oder Korrektoren können keine Punkte für unerledigte Aufgaben vergeben, zumindest aber Teilpunkte für halbfertige Antworten, so sie zeigen, dass Sie auf der richtigen Fährte sind.

Bitte klar formulieren!

Prüfer können keine Gedanken lesen. Versuchen Sie daher, Ihre Antworten möglichst klar und strukturiert zu formulieren, damit sie nachvollziehbar und verständlich bleiben. Bringen Sie Ihre Ausführungen in eine logische Abfolge. Beginnen Sie, indem Sie zuerst eine allgemeine Übersicht über die wichtigsten Konzepte geben, und gehen Sie dann auf relevante Details ein. Besteht eine Aufgabe aus mehreren Blöcken, sollten Sie der Reihenfolge nach vorgehen. So erleichtern Sie dem Prüfer die Bewertung Ihrer Antworten. Beispielaufgabe: »Was versteht man unter Kognitiver Psychologie? Nennen Sie Schlüsselfiguren, die die Entwicklung zu einem eigenständigen Teilgebiet der Psychologie maßgeblich beeinflusst haben. Erklären Sie den Begriff der Kognitiven Dissonanz.« Die Aufgabe hat drei Teile und sollte in derselben Reihenfolge bearbeitet werden, wie sie gestellt ist.

Scheuen Sie sich nicht, auch einfache grundlegende Dinge darzulegen. Es geht nicht darum, den Prüfer mit neuen Inhalten zu überraschen, sondern darum zu zeigen, was Sie wissen. Beziehen Sie also grundlegende Konzepte und Fakten unbedingt ein. Schreiben Sie lieber zu viel als zu wenig, denn Prüfer sind schnell bei der Hand, Punktabzug zu geben, wenn wesentliche Inhalte fehlen. Und damit sind wir bei einem weiteren wichtigen Aspekt: Schreiben Sie nicht unnötig viel, nur um das Papier voll zu kriegen. Inhaltsleere Sätze zu schreiben oder fünf ähnliche Beispiele für ein und dasselbe Prinzip zu geben, ist keine gute Strategie. Damit irritieren sie die Prüfer nur. Nichtsdestotrotz ist es wahrscheinlich immer noch besser, ein bisschen zu viel zu schreiben als ein bisschen zu wenig, solange man im Thema bleibt und relevante Inhalte präsentiert. Häufig haben die Prüfer eine Liste konkreter Antwortelemente, nach denen Sie gezielt suchen. Mit einer etwas längeren Antwort erhöhen Sie also Ihre Chance, ein Element aus der Liste zu treffen und zeigen obendrein, dass Sie mit der Aufgabe zurechtkommen und sie verstanden haben. Aber Obacht: Schreiben Sie nichts, was nicht zur Sache gehört. Schließlich wollen Sie nicht riskieren, das Thema zu verfehlen. Stellen Sie in Ihrer Antwort den Bezug zur Frage vielmehr heraus und untermauern Sie Ihren Ansatz.

Ebenso wichtig ist eine klare und präzise Sprache. Kurze, einfache Sätze sind oft aussagekräftiger als endlos verschachtelte Bandwurmsätze, bei denen der Leser den Faden verliert. Beispiel: »Brasilien ist ein großes Land mit einer reichen Biodiversität.« Dieser kurze, prägnante Satz ist sehr viel besser als der folgende: »Es kann nicht außer Acht gelassen werden, dass Brasilien, im Vergleich zu anderen Ländern, flächenmäßig sehr groß ist und dazu über eine reiche Biodiversität, wie man es nennen kann, verfügt.«

Und auch wenn Ihre Handschrift nicht die schönste sein muss, leserlich sollte sie schon sein. Mit einem unverständlichen Gekrakel werden Sie nicht »punkten«, im wahrsten Sinne des Wortes. Wenn Sie einen langen Text verfassen, strukturieren Sie ihn gut: Teilen Sie ihn in Absätze ein und fügen Sie eine Einleitung und einen Schluss hinzu.

Wiederholen Sie nicht einfach die Beispiele aus dem Lehrbuch, sondern führen Sie eigene Beispiele an. So zeigen Sie, dass Sie den Stoff wirklich verstanden haben. Gleichzeitig heben Sie sich von allen anderen ab. Tun Sie sich schwer, eigene Beispiele zu finden, können Sie einzelne Elemente der Lehrbuchbeispiele auch abwandeln.

Stecken Sie fest?

- **Denken Sie um die Aufgabe herum.** Wenn Sie die Antwort eigentlich wissen, sie Ihnen aber partout nicht einfallen will, versuchen Sie, »um die Frage herum« zu denken. Was wissen Sie alles über das Thema? Wieso fällt Ihnen nichts dazu ein? Woran könnte es haken? Wo genau haben Sie zu diesem Thema gelernt? Indem Sie sich gedanklich alles rund um die Aufgabe herholen, regen Sie Ihr Gedächtnis an und kommen vielleicht noch auf die Antwort, entweder sofort oder später, wenn sich die einzelnen Punkte in Ihrem Unterbewusstsein verdichtet haben.
- **Raten Sie nicht unnötig herum.** Beispiel: Wenn Sie die »Kognitive Dissonanz« erklären, aber nicht mehr wissen, ob Leon Festinger den Begriff nun 1957, 1958 oder 1959 eingeführt hat, schreiben Sie stattdessen »gegen Ende der 1950er-Jahre.« Das exakte Jahr ist nicht unbedingt wichtig, zumal die allgemeinere Formulierung den Prüfer wohl gnädiger stimmen wird, als wenn Sie das falsche Jahr angeben.
- **Nutzen Sie sämtliche zugelassenen Quellen.** Manchmal steht die Antwort auf eine Frage auf einem Poster an der Wand, im Wörterbuch oder sie erschließt sich durch weitere Klausuraufgaben. Ich selbst fand einmal in einem englischen Wörterbuch, das für die Prüfung zugelassen war, eine Erklärung zum »British Commonwealth«. Ich denke nicht, dass dies der Prüferin bewusst war, aber es war ein faires Mittel und kam mir natürlich sehr zu pass. Also, nicht sofort aufgeben, wenn Sie mit einer Aufgabe nicht weiterkommen, sondern dranbleiben und überlegen, welches der zugelassenen Hilfsmittel Sie zu Rate ziehen könnten.
- **Schlauer Trick:** Will Ihnen partout keine Antwort einfallen, während der Prüfer durch die Reihen geht, geben Sie vor, die Aufgabe nicht zu verstehen. Manche Prüfer gehen darauf ein und erklären mitunter mehr als sie sollten.

Mathe-Prüfung

Bei Mathe-Aufgaben oder andere Aufgaben, die Berechnungen einschließen, gilt: Legen Sie jeden Rechenschritt, der zur Lösung notwendig ist, schriftlich dar. Damit zeigen Sie nachvollziehbar, wie Sie auf die Lösung kommen. Und sollten Sie am Ende dennoch auf ein falsches Ergebnis kommen, gibt es manchmal noch wichtige Punkte für den richtigen Lösungsansatz. Und halt, Schmierzettel und Notizblätter nicht in den nächsten Papierkorb werfen, auch sie zählen zur Leistung dazu und können zusätzliche Punkte bringen – umso mehr gilt: »Zeige alles, was du hast!«

Multiple Choice

Multiple-Choice-Aufgaben, bei der zu einer Frage mehrere vorformulierte Antworten zur Auswahl stehen (Antwort-Wahl-Verfahren), sind leichter zu beantworten als Fragen ohne Antwortalternativen, da es zu ihrer Lösung einer überlegten Analyse und nicht der bloßen Erinnerung des Lernstoffs bedarf. Doch von diesem Format profitieren alle Teilnehmer, was es nicht unbedingt leichter macht, eine gute Note zu erzielen. Folgende Tipps helfen:

- **Lesen Sie alle Antwortalternativen sehr genau** und kreuzen Sie nicht gleich die erste Antwort an, die korrekt erscheint. Was auf den ersten Blick passen würde, scheidet im Vergleich mit allen anderen Optionen oft wieder aus.
- **Verbeißen Sie sich nicht:** Überspringen Sie Aufgaben, wenn Sie unsicher sind, und kommen Sie später noch einmal darauf zurück. Wenn keine der Antwortoptionen zutreffend scheint, oder Sie die korrekte Antwort nicht ausmachen können, markieren Sie die Frage und verschieben sie auf später. Machen Sie mit den nächsten Aufgaben weiter. Indem wir uns aus der gedanklichen Sackgasse herausbewegen, können gespeicherte Lerninhalte in

unser Bewusstsein drängen, sodass wir die Lösung zu der eben noch schwierigen Aufgabe wie durch einen Geistesblitz plötzlich finden.

- **Nutzen Sie das Ausschlussverfahren.** Sind Sie mit den leichten Aufgaben durch, bei den schwierigen aber immer noch ahnungslos? Versuchen Sie zunächst, offensichtlich falsche Antwortoptionen auszuschließen und für alle übrigen eine halbwegs begründete Vermutung zu finden.
  Kurze, unpräzise formulierte Antwortoptionen sind meist falsch. »Russland ist das größte Land der Welt« ist kürzer und weniger präzise als »Russland ist das größte Land der Welt, gemessen an seiner Fläche.« Gemessen an seiner Bevölkerungszahl nämlich nimmt Russland weltweit nicht den ersten Platz ein (den besetzt China). Insofern ist die erste Behauptung viel zu unpräzise.

Schriftliche Prüfung: Bücher und Notizen sind erlaubt

Schriftliche Prüfungen, in denen Bücher und Notizen erlaubt sind, sind meist so angelegt, dass Sie nicht genug Zeit haben, um während der Klausur alles Wichtige nachzuschlagen. Von daher ist es von Vorteil, gut strukturierte Notizen zu haben, auf die man sich stützen kann. Auch wer das Lehrbuch gut kennt und weiß, was wo steht, ist klar im Vorteil. Versehen Sie Ihr Buch mit Klebezetteln, um relevante Informationen schnell zu finden.

Unangekündigte Tests

Diese kurzen Leistungskontrollen werden (wie der Name schon sagt) »unangekündigt« geschrieben. Man kann sich also nicht wirklich darauf vorbereiten, außer immer und jederzeit gut vorbereitet zu sein. Aber immer mit der Ruhe.

Für die kurze Zeit zwischen Ankündigung und Beginn des Tests habe ich einen wirksamen Tipp für Sie (aus eigener Erfahrung): Nerven bewahren, und keine Panik! Ich habe diese wenigen Minuten immer genutzt, um auf die Schnelle noch mal durch das Buch zu blättern oder meine Notizen nach Namen, Jahreszahlen und anderen wichtigen Informationen zu überfliegen. Diese kleine minutenschnelle Auffrischung half mir oft, ein paar Fragen mehr richtig zu beantworten.

KURZ UND KNAPP

SCHRIFTLICHE PRÜFUNGEN

- Niemals zu früh abgeben und gehen! Nutzen Sie etwaige Restminuten für eine letzte Durchsicht und eventuelle Verbesserungen.
- Nutzen Sie die **CPR**-*Strategy*, wie sie im Englischen heißt. **CPR** steht für **C**larify, **P**lan, **R**eview (Klarheit, Planung, Kontrolle): **Klarheit** verschaffen (stellen Sie sicher, dass Sie alle Anweisungen und Fragen verstanden haben)! **Planvoll** vorgehen und die Uhr im Blick behalten (überschlagen Sie kurz, wie viele Minuten Sie pro Frage haben)! Letzte **Kontrolle** vornehmen (stellen Sie sicher, dass Sie nicht irgendetwas Wesentliches vergessen haben)!
- Lassen Sie keine Aufgabe unbeantwortet, es sei denn Falschantworten führen zu Punktabzug. Wenn die Zeit davonläuft, notieren Sie kurz noch einige Schlüsselbegriffe oder Kernsätze.
- Bei Multiple-Choice-Aufgaben lesen Sie *alle* Antwortoptionen genau durch. Schieben Sie schwierige Fragen nach hinten. Wenn Sie unsicher sind, schließen Sie falsche Antworten aus und wählen Sie die wahrscheinlichste Option. Merke: Kurze Antworten sind meist unpräzise formuliert und daher falsch.

SCHRIFTLICHE HAUSARBEITEN

Schriftliche Hausarbeiten unterscheiden sich von schriftlichen Prüfungen insofern, dass der Zeitdruck entfällt und Lerninhalte nicht gezielt abgerufen werden müssen. Da nun aber jeder Student diese Möglichkeit nutzt, bietet sie Ihnen an sich keinen speziellen Vorteil. Doch wer es clever anstellt, klug und strukturiert vorgeht, kann sehr wohl einen Vorteil daraus ziehen.

Mein Tipp: Nutzen Sie die **CPR**-Strategie (wie oben ausgeführt): **C**larify, **P**lan, **R**eview:

- **C**larify: Sind Thema und Aufgabenstellung der Hausarbeit vollumfänglich verstanden? Klären Sie Rahmung und Ausgestaltung ab.
- **P**lan: Wie umfangreich soll die Arbeit sein? Welche Inhalte müssen bis wann bearbeitet sein? Erstellen Sie bis zum Abgabetermin einen Aktionsplan mit klaren Fristen.
  Dafür können Sie eine Technik anwenden, die ich »Rückwärtsplanung« nenne. Das heißt: Sie schauen sich den Abgabetermin an und planen davon ausgehend rückwärts sämtliche Arbeitsschritte, die bis dahin erfüllt sein müssen. Beispiel: Sagen wir mal, der Abgabetermin ist der 22. März. Also notiere ich: »22. März – Abgabe Hausarbeit.« Um einen Zeitpuffer für unvorhergesehene Eventualitäten zu haben, ziehe ich den Abgabetermin etwas vor und notiere: »20. März – Hausarbeit abgabefertig.« Um noch genug Zeit zu haben, um alles noch einmal gründlich durchzulesen und mir ein Feedback von anderen zu holen, notiere ich: »18. März – Hausarbeit fertig zur Endkontrolle.« Und da ich vom 15. bis zum 17. März einen Kurzurlaub plane, muss die Hausarbeit zwischen dem 12. und 14. März komplett stehen und ich notiere: »12.–14. März – Hausarbeit schreiben.«

- Review – Gehen Sie die Hausarbeit noch einmal durch. Idealerweise lassen Sie sie vor Abgabe noch einmal von einer neutralen Person gegenlesen. Das verhindert den Scheuklappenblick, denn umso länger man an einer Arbeit gesessen hat, umso schwieriger wird es, Ungereimtheiten und/oder Fehler zu sehen.

Hausarbeiten in der Gruppe schreiben

Um den Erfolg der Gruppenarbeit zu steigern, halten Sie sich am besten an folgende Tipps:

- **Setzen Sie die Gruppe sorgsam zusammen** (es sei denn, die Mitglieder sind vorgegeben). Die Zusammensetzung der Gruppe ist entscheidend für den schlussendlichen Erfolg der Arbeit. Es mag zwar etwas länger dauern, die passenden Mitglieder zu finden, zahlt sich aber allemal aus, denn wenn die Gruppe nicht harmoniert, kostet die ganze Lernerei doppelt Zeit und Mühe. Achten Sie darauf, dass alle Mitglieder der Gruppe gute Teamplayer sind, sich motiviert einbringen und sich in ihren Fähigkeiten und Stärken untereinander ergänzen. So finden sich zum Beispiel ein geborener Theoretiker, ein exzellenter Schreiberling und ein Office-Ass für die PowerPoint-Präsentation zusammen.
- **Tauschen Sie Ihre Erwartungen aus.** Einzelne Themenblöcke sollten von vornherein klar verteilt sein. Um Missverständnisse zu vermeiden und die Zeit der gemeinsamen Treffen effektiv zu nutzen, ist es wichtig, dass jeder seine Aufgaben und die Erwartungen der anderen kennt. Die einzelnen Themen sollten weitestgehend nach individueller Motivation und Stärke verteilt werden.
- **Setzen Sie Fristen.** Legen Sie klar fest, wann welche Teilbereiche der Arbeit abgeschlossen sein müssen, und planen Sie einen zeitlichen Puffer für unvorhergesehene Ereignisse ein.

Mit wachsendem Fortschritt sollten Aufgaben und Fristen nach Bedarf aktualisiert werden. Nicht immer läuft alles von vornherein nach Plan. Umso wichtiger ist es daher, auch Raum für Flexibilität zu lassen.

KURZ UND KNAPP

SCHRIFTLICHE HAUSARBEITEN

- Nutzen Sie die **CPR**-Strategie: **C**larify, **P**lan, **R**eview.
- Setzen Sie die Gruppe sorgsam zusammen. Tauschen Sie Ihre Erwartungen aus. Einzelne Themenblöcke sollten von vornherein klar verteilt sein. Setzen Sie Fristen.

MÜNDLICHE PRÜFUNGEN

PRÄSENTATIONEN UND REFERATE

Freies Sprechen ist eine Kunst für sich, und dass begnadete Redner als solche geboren werden, ein reiner Mythos. Barack Obama, Martin Luther King und andere berühmte Oratoren wurden intensiv geschult, ehe sie als exzellente Redner die Bühne der Welt betraten. Nun macht eine vortreffliche Rednergabe nicht jeden gleich weltberühmt, aber mit etwas Übung kann jeder lernen, gut genug zu reden, um eine Bestnote zu erlangen.

Regeln für eine gelungene Präsentation

Ich wundere mich, wie viel Zeit wir im Vorlauf zu einem Referat oder einer Präsentation oft mit ineffektiven Tätigkeiten vergeuden. Wir recherchieren fleißig, schreiben seitenweise auf, was wir sagen wollen, den eigentlichen Vortrag aber üben wir so gut wie nie. Das Ergebnis? Eine oft abgeschlaffte, langweilige Präsentation. Doch wenn keiner zuhört, ist es völlig unerheblich, wie gut wir inhaltlich vorbereitet sind.

Ich selbst gab zu meinen Highschool-Zeiten ein lebendiges Beispiel dafür ab, als ich ein Referat über den norwegischen Dramatiker Henrik Ibsen halten sollte. Da ich darüber schon einmal ein Referat gehalten hatte, fühlte ich mich recht selbstsicher und ging meine Aufzeichnungen nur kurz noch einmal durch. Der Tag kam, und ich begann mein Referat, ohne zuvor geübt zu haben. Noch schlimmer, ich bildete mir ein, es frei und spontan aus dem Gedächtnis vortragen zu können. Ich stand also vor der Klasse und mir wurde schlagartig klar, dass ich nicht einmal wusste, wie und wo ich beginnen sollte. Mein Herz pochte, mein Mund war trocken. Einige Dutzend Klassenkameraden blickten mir gespannt und mit zunehmend skeptischer Ungeduld entgegen. Schließlich fand ich einen Einstieg und schrieb einen kurzen Satz an die Tafel. Zu spät: Ich hatte den Faden sogleich wieder verloren, haspelte herum, mit schweißkalten Hände und einem nervösen Brennen in der Magengrube. Das war's. Ich gab auf.

Lassen Sie es erst gar nicht so weit kommen. Damit Ihre Präsentation von Anfang bis Ende überzeugend gelingt, hier die wichtigsten Tipps (die ich für mein Ibsen-Referat mal besser beherzigt hätte):

- **Üben, üben, üben** – ist das A und O in Vorbereitung auf eine Präsentation oder ein Referat. Lautes Probesprechen vor Freunden oder auch allein, hilft enorm. Halten Sie mindestens fünf »Generalproben« ab, denn meist merkt man dabei schnell, was an welchen Stellen noch verbesserungswürdig ist und wo man noch schleifen kann. Außerdem üben Sie sich so im »freien Sprechen« (mehr dazu unten), wodurch Sie persönlich sicherer und für die Zuhörer »ansprechender« (im wahrsten Sinne des Wortes!) werden.
- **Halten Sie jederzeit Blickkontakt**. Ein häufiger, grober Fehler ist es, das Bildschirmpanel des Tageslichtprojektors als Skriptvorlage zu gebrauchen, in einer Tour darauf einzureden und dem Publikum dabei den Rücken zuzuwenden. Scheuen Sie sich nicht, den Blick immer mal wieder auf die Projektionswand zu lenken. Aber halt, bevor Sie nun zu Ihrem Vortrag anheben, wenden Sie sich Ihrem Publikum zu.
- **Sprechen Sie frei**. Geübte Redner haben ihr Thema derart verinnerlicht, dass sie nicht von einem Skript ablesen müssen. Sie haben ihren Vortrag so oft geübt, dass sie ihn in- und auswendig kennen. Selbst wenn sie mal Skript oder Notizen vor sich haben, dann nur als Richtschnur und der Sicherheit halber. Pi mal Daumen gilt: Ist Ihre Präsentation weniger als 15 Minuten lang, sollten Sie in der Lage sein, sie anhand ein paar einfacher Notizen zu halten oder auch komplett frei zu sprechen. Umso mehr Sie sich im freien Sprechen üben, umso weniger sind Sie auf Skripts oder

Notizen angewiesen und umso besser gelingt die Präsentation. Achten Sie darauf, dass alle zentralen Punkte enthalten sind. Um nichts zu vergessen, können Sie die Loci-Technik anwenden (siehe unter »Visualisierungstechniken« in diesem Buch) und nach jeder Themeneinheit eine kleine Redepause machen.

- **Schauen Sie den Zuhörern in die Augen.** Die meisten Menschen mögen es, wenn der Redner Blickkontakt zu ihnen hält. Lassen Sie den Blick also ringsum schweifen und verweilen Sie kurz hier und da. Falls Ihnen dies unangenehm ist oder Sie sich vor einem größeren Publikum schwer damit tun, suchen Sie sich einen imaginären Punkt knapp über den Köpfen der Menschen in den hinteren Reihen, den Sie beim Sprechen fixieren. So fühlen sich alle Zuhörer gleichermaßen beachtet und einbezogen. Bei allzu großem Lampenfieber, egal wie groß das Publikum ist, hilft mitunter der altbewährte Trick, sich die Zuhörer nackt vorzustellen, und schon fällt alles sehr viel leichter – auch der Blickkontakt.
- **Finden Sie die angemessene Stimmlautstärke, das richtige Sprechtempo, und denken Sie auch an Redepausen**! Mit leisem, dünnen Stimmchen vor einem beliebig großen Publikum zu sprechen, kann nicht funktionieren! Sie müssen schon ein gewisses Stimmvolumen aufbieten, um auch die hinteren Reihen zu erreichen. Für Zuhörer ist es nervig, sich die ganze Zeit angestrengt konzentrieren zu müssen, um der Rede oder Präsentation folgen zu können. Darüber hinaus sollten Sie darauf achten, nach wesentlichen Punkten kleine Sprechpausen einzulegen sowie auch dann, wenn Sie auf ein neues Thema überleiten. So geben Sie Ihren Zuhörern die Möglichkeit, die vorgetragenen Informationen erst einmal sacken zu lassen. Ist das Thema komplex und detailreich, sollten Sie nicht zu schnell sprechen. Die Zuhörer brauchen Zeit, um das Gesagte zu verstehen. Wiederum kann ein zu langsames Sprechtempo, insbesondere wenn die vorgetragenen

Inhalte keiner besonderen Reflektion bedürfen, die Zuhörer unruhig machen (und ermüden). Achten Sie also darauf, dass Sie nicht zu schnell und nicht zu langsam sprechen.

- **Zeigen Sie Begeisterung**. Das kann schwierig sein, insbesondere wenn Sie über ein Thema referieren, für das Sie nicht brennen. Für das Publikum aber ist es besser, einem enthusiastischen Redner zuzuhören als einem, der gelangweilt oder undynamisch wirkt. In den meisten Fällen färbt Ihr Enthusiasmus auf das Publikum ab.
- **Achten Sie auf eine bewusste Körpersprache**. Spielen Sie, während Sie sprechen, nicht mit irgendwelchen Dingen herum. Mit kontrollierten Handbewegungen und einer bewussten Körpersprache können Sie wichtige Kerngedanken zusätzlich unterstreichen. Haben Sie hingegen das Gefühl, dass Ihnen dies nicht recht gelingen mag, halten Sie die Hände einfach ruhig.
- **»Ähm«, »Äh«, »Also« – runterschlucken**! Viele Menschen ... *ähm*... haben die schlechte Angewohnheit, kleine Füllwörter zu gebrauchen ... *äh* ... *ja* ... *also* ... wenn sie vor Publikum sprechen. Besser ist es, einfach eine Pause zu machen, wenn Sie von einem Punkt zum nächsten übergehen oder nach einer Formulierung suchen.

Clevere Tricks

Wer am Ende seines Vortrags zur Fragenrunde auffordern, aber kein betretenes Schweigen ernten will, kann sich wappnen: Formulieren Sie bereits vorab ein paar Fragen und bitten Sie Freunde unter den Zuhörern, sie zu stellen.

Gestalten Sie ansprechende PowerPoint-Folien

Eine PowerPoint-Präsentation sollte immer nur zur Unterstützung oder Ergänzung eingesetzt werden, nicht den Gesamtvortrag ausmachen. Wie Ihre Präsentation aufgenommen wird, hängt vielmehr davon ab, was Sie sagen und wie Sie es sagen. Nutzen Sie folgende Tipps, um Ihre PowerPoint-Folien noch besser zu gestalten:

- **Weniger ist mehr:** Verwenden Sie starke Schlüsselbegriffe, kurze Sätze oder Phrasen und keine langen Texte. Einzige Ausnahme: Zitate und Definitionen.
- **Gut lesbare Schriftarten:** Die Schriftart sollte nicht zu klein sein. Jeder im Raum sollte sie gut lesen können. Eine Schriftgröße von 16 pt ist das absolute Minimum.
- **Visualisierung:** Setzen Sie Bilder, Daten, Grafiken und Diagramme ein. Sie werden in Sekundenschnelle aufgenommen, während mündliche Erklärungen dazu mehrere Minuten dauern können.
- **Spezialeffekte sparsam dosieren:** Animationen und Übergangseffekte können eine Präsentation verbessern, sollten aber sparsam verwendet werden (für jeden Stichpunkt maximal einen Effekt). Sie sind im Gegensatz zu den 1990ern heute eher nicht mehr angesagt.

KURZ UND KNAPP

PRÄSENTATIONEN UND REFERATE

- Damit ein Kurzvortrag optimal gelingt, heißt es im Vorfeld: Üben, üben, üben.
- Kleben Sie während des Vortrags mit Ihrem Blick nicht stur am Skript, sondern schauen Sie Ihre Zuhörer an, seien Sie enthusiastisch, achten Sie auf eine bewusste Körpersprache, vermeiden Sie »ähm«, »äh« und ähnliche Füllwörter, die Sie besser runterschlucken und durch eine kleine Sprechpause ersetzen.

MÜNDLICHE PRÜFUNG

Mündliche Prüfungen unterscheiden sich von schriftlichen in vielerlei Hinsicht. Insofern sind komplett andere Fähigkeiten gefragt, um diesen Prüfungstyp zu meistern.

Mündliche Prüfungen sind fast immer wesentlich kürzer als schriftliche Klausuren und dauern meist zwischen 10 und 40 Minuten, plus einer gelegentlichen Zeitzugabe für die Vorbereitung. In einer schriftlichen Prüfung kann man jederzeit zurückblättern, seine Antworten noch einmal durchgehen und neu formulieren. Eine mündliche Prüfung hingegen gleicht einem Live-Interview. Alles, was man sagt, fließt in die Bewertung mit ein. Klar, kann man während des Sprechens den einen oder anderen Satz korrigieren, »ausradieren« aber lässt sich nichts. Gleichwohl erfährt man in einer mündlichen Prüfung eine gewisse Leitung und Unterstützung durch den Prüfer. Wer eine Frage nicht versteht oder in die falsche Richtung denkt, wird vom Prüfer meist darauf hingewiesen und auf den richtigen Pfad gelenkt.

An einer mündlichen Prüfung sind üblicherweise drei Personen beteiligt: Prüfling (das sind Sie), Prüfer (die Person, welche die Fragen stellt. Oft Ihr Dozent), Beisitzer (ein zweiter Fachprüfer, der Ihre Antworten in irgendeiner Form aufzeichnet und/oder bewertet). Nach Ende der mündlichen Prüfung setzen sich Prüfer und Beisitzer zusammen, diskutieren Ihre Leistung und finden zu einer Note. Sind beide unterschiedlicher Ansicht, hat normalerweise der Zweitprüfer das letzte Wort. In seltenen Fällen werden Sie noch einmal hereingebeten – eine prima Chance für Sie, die Sie nutzen sollten, um Ihre Note zu heben.

Um mündliche Prüfungen ranken sich die wildesten Schauergeschichten (von fiesen Prüfern etwa, die ihre Prüflinge mit hundsgemeinen Fragen triezen), weshalb viele Studenten sie besonders fürchten. In Wirklichkeit aber ist am Ende alles halb so wild. Üblicherweise ist auch den Prüfern daran gelegen, dass Sie die Prüfung bestehen, und so entsteht mitunter ein durchgehend angenehm lockeres Gespräch über ein gewähltes Schwerpunkthema, und eben keine harte »Fragestunde«.

So klappt's mit einer guten Note

In mündlichen Prüfungen kommt es mehr als in allen anderen Prüfungsformaten auf Ihre Kommunikationsfähigkeiten an. Gewiss, Sie sollten auch fundierte Kenntnisse von den Inhalten der Kernthemen haben, ebenso wichtig aber, wenn nicht noch wichtiger, ist Ihre Fähigkeit, sich auszudrücken. Um eine gute Note zu erzielen müssen Sie zeigen, dass Sie einen guten Überblick über den Stoff haben, die zugehörigen Themen beherrschen und Sie Ihre Gedanken in strukturierter, leicht verständlicher Weise artikulieren können.

Prüfungsformat – gut zu wissen!

Lesen Sie sämtliche Informationen über den Ablauf der Prüfung sorgfältig durch. Was sind die zentralen Themen? Wo findet sie statt? Wie lang dauert sie? Welche Bewertungskriterien gibt es? Zu wissen, was Sie erwartet, wird Ihnen ein Gefühl von Kontrolle und Sicherheit geben. Scheuen Sie sich nicht, weitere Einzelheiten zur Prüfung beim Dozenten zu erfragen. Natürlich wird er Ihnen nicht die Prüfungsfragen verraten, aber viele Dozenten lassen ein Stück weit durchblicken, was Sie erwarten wird.

Wer die genauen Abläufe kennt, wer weiß, was zu tun ist, sollte man in letzter Minute in eine Notfallsituation geraten, wie zum Beispiel an der Prüfung nicht teilnehmen können und sie nachschreiben müssen, oder auch, wer weiß, wie man sich im Falle des Falles gegen eine unfaire Bewertung wehrt, kann den Prüfungsstress deutlich reduzieren.

Übung macht den Meister!

Die Fähigkeit, themenbezogene Sachverhalte gut strukturiert und mitreißend zu formulieren, ist eine besondere Kunst, die geschliffen und verbessert werden kann. Die beste Vorbereitung auf eine mündliche Prüfung heißt: Üben. Üben Sie das freie Sprechen über den Prüfungsstoff.

Idealerweise üben Sie so kurz vor der Prüfung wie möglich. Erstellen Sie eine Liste der Themen, zu denen Sie befragt werden könnten. Wenn möglich, üben Sie mit einem/r Kommilitonen/in, der die gleiche Prüfung zu absolvieren hat. Suchen Sie sich einen Raum, in dem sie ungestört üben können. Simulieren Sie die Prüfung und schlüpfen Sie abwechselnd in die Rollen von Prüfer und Prüfling. Geben Sie sich gegenseitig ein Feedback und machen Sie Verbesserungsvorschläge. Falls sich kein Kommilitone als Übungspartner finden lässt, bitten Sie Freunde oder Eltern, den Prüfer zu spielen.

Ich selbst habe diese Methode einst zur Vorbereitung auf die mündliche Prüfung im Fach »Geschäftssprache Deutsch« genutzt. Zusammen mit zwei Kommilitonen verbrachte ich einen ganzen Tag damit, die Prüfungssituation zu simulieren. Wir teilten den Tag in Übungsblöcke von jeweils 20 Minuten ein, übernahmen wechselweise die Rollen von Prüfling und Prüfer und zogen uns zwischendurch immer mal wieder einzeln zur stillen Vorbereitung in einen anderen Raum zurück. Am Ende waren wir alle derart gut vorbereitet, dass jeder von uns eine Bestnote erhielt.

Psychologie

Wenn die Prüfer am Ende der mündlichen Prüfung die erteilte Note begründen, tauchen Begriffe wie Respekt, Höflichkeit, Enthusiasmus, gesteigertes (oder mangelndes) Interesse wohl kaum auf. Das heißt aber nicht, dass diese Dinge nicht wichtig wären. Vergessen

Sie nicht: Sie haben Menschen vor sich, und da Prüfer eben auch nur Menschen sind, reagieren sie auf das Verhalten ihres Gegenübers, was für oder gegen Sie sprechen kann. Also: Geben Sie Ihr Bestes, um bei den Prüfern einen starken, positiven Eindruck zu hinterlassen.

Am Tag der Tage!

- Wählen Sie Kleidung, in der Sie sich wohl und selbstsicher fühlen, um sich optimal zur Geltung zu bringen. Kleidung, die negativ auffällt, weil sie schmutzig, zerrissen, übertrieben aufreizend oder anderweitig despektierlich ist, kommt nicht in Frage. Wenn Sie unangemessen gekleidet erscheinen, sehen die Prüfer bestenfalls wohlwollend darüber hinweg, schlimmstenfalls haben Sie es sich verscherzt. Sie möchten schließlich mit Ihrem Wissen punkten, nicht mit Ihrer Kleidung!
- Nehmen Sie eine Flasche Wasser mit. Ein Schluck Wasser hilft gegen den trockenen Mund, den man beim Sprechen vor anderen gerne mal bekommt, auch wenn Sie nicht damit rechnen (... und Prüfer haben nicht immer ein Glas Wasser zum Anbieten parat).
- Erscheinen Sie pünktlich. Das minimiert Stress. Wer zu spät kommt, egal aus welchem Grund, macht nämlich keinen guten ersten Eindruck.
- Seien Sie höflich. Vergessen Sie nicht, sich bei den Prüfern vorzustellen, sofern Sie sich nicht bereits kennen. Ein kraftvoller fester Händedruck (nicht quetschen!) vermittelt einen guten ersten Eindruck.
- Hören Sie aufmerksam und bis zum Ende zu, wenn der Prüfer seine Fragen stellt. Erst dann beginnen Sie zu sprechen. Wenn Sie die Frage nicht auf Anhieb verstehen, fragen Sie kurz nach, um sich zu vergewissern, was genau gemeint ist. Dann fangen Sie an und fahren solange fort, bis der Prüfer Sie unterbricht. Be-

enden Sie Ihre Ausführungen nicht mit unsicheren Fragesätzen wie »Reicht das?« oder »Möchten Sie mehr wissen?« Sie dürfen davon ausgehen, dass die Prüfer sich schon melden werden, wenn sie genug gehört haben oder mehr wissen wollen (Aber Achtung: Falls Sie in gähnende oder gelangweilte Mienen blicken, ist dies ein sicheres Zeichen dafür, dass Sie sich möglicherweise allzu sehr in die Details verlieren). Legen Sie gelegentlich kleine Mini-Sprechpausen von wenigen Sekunden ein, insbesondere nach wichtigen Punkten – eine bewährte Vortragstechnik, die den Prüfern zudem die Möglichkeit gibt, einzuhaken, sollten Sie vom Kurs abgekommen sein.

- Vergessen Sie nicht: Der Prüfer hat sehr wahrscheinlich schon viele Prüfungen zu genau Ihrem Prüfungsthema abgenommen. Zeigen Sie daher Begeisterung und Interesse für das Thema, und das kommt Ihrer Leistung garantiert zugute. Verstellen sollten Sie sich aber nicht, denn das wirkt unecht und gekünstelt. Und denken Sie auch an Ihre eigene Körpersprache, denn sie verrät jede Menge (mehr dazu im nächsten Kapitel).
- Beginnen Sie niemals mit einer Entschuldigung, von wegen Sie seien schlecht vorbereitet oder hätten Pech mit dem Prüfungsthema gehabt. Oder meinen Sie ernsthaft, das kommt bei den Prüfern gut an? (kleiner Tipp: Nein!)
- Behalten Sie die Uhr im Blick, um alle wichtigen Punkte in Ihren Antworten unterzubringen.

KURZ UND KNAPP

Mündliche Prüfung

- Machen Sie sich mit dem Prüfungsformat vertraut, und finden Sie heraus, welche Punkte am wichtigsten sind.
- Üben, üben, üben. Idealerweise mit einem Kommilitonen oder einem Elternteil.
- Erscheinen Sie pünktlich und in angemessener Kleidung. Nehmen Sie eine Flasche Wasser mit. Lächeln Sie und versuchen Sie, Ihre Ausführungen interessiert und begeistert vorzutragen. Hören Sie den Fragen des Prüfers aufmerksam zu, und machen Sie nach wichtigen Punkten eine kurze Redepause.

IM KLASSENRAUM

In vielen Ländern fließt die mündliche Mitarbeit der Studenten in die Leistungsbewertung mit ein und ist damit Teil der Endnote in jedem Seminar. Auch bei Ihnen? Dann lesen Sie weiter.

Tipps für eine gute mündliche Note

- **Engagierte Mitarbeit:** Bringen Sie sich aktiv in den Unterricht ein, steuern Sie eigene Gedanken bei und stellen Sie Fragen. Die aktive Teilnahme am Unterricht gehört zu den zentralen Kriterien der Leistungsbewertung und trägt zu einer lockeren und angenehmen Unterrichtsatmosphäre bei. Auch der Dozent steht lieber vor einer Klasse, die aktiv mitmacht und interessiert bei der Sache ist. Es geht dabei nicht darum, immer »genau das Richtige« zu sagen, aber Sie sollten auch nicht übertreiben oder zu viel Zeit für sich in Anspruch nehmen; die Mischung macht's.
- Respekt: Kommen Sie rechtzeitig zum Unterricht und sprechen Sie nicht, während der Dozent oder andere Studenten reden. Wenn Sie früher gehen müssen, sagen Sie dem Dozenten vorab Bescheid. Einfache Höflichkeiten wie diese können viel bewirken und werden von Dozenten sehr geschätzt.
- Interesse: Viele Dozenten betreiben ihr Seminar mit viel Leidenschaft. Um ein gutes Verhältnis zu ihnen aufzubauen, sollten Sie mit Eifer und Interesse dabei sein – und wie oben erwähnt, wäre ein echtes Interesse, kein bemühtes oder forciertes, natürlich ideal.

Körpersprache

Wir vergessen leicht, dass unsere Körpersprache spiegelt, was wir denken und fühlen. Dabei ist die Körpersprache ein wichtiger Teil der Kommunikation. Eine positive Körpersprache ist einer positiven

Atmosphäre zuträglich und erleichtert gute Beziehungen mit anderen. Eine negative Körpersprache hat den gegenteiligen Effekt, wirkt auf andere in Ihrem Umfeld weniger freundlich und stößt sie ab. Seien Sie sich dessen bewusst, wenn Sie im Unterricht sitzen. Die Bilder unten zeigen Beispiele für positive und negative Körpersprachen.

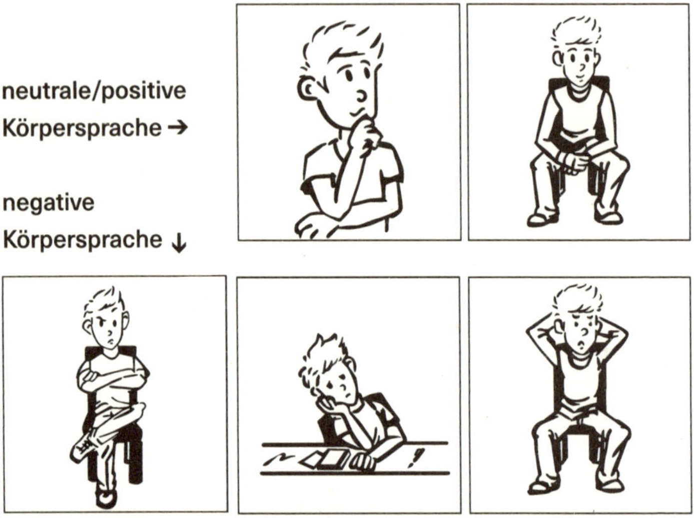

KURZ UND KNAPP

IM KLASSENRAUM

- Bringen Sie sich aktiv in den Unterricht ein, arbeiten Sie mit und stellen Sie Fragen. Kommen Sie pünktlich und sprechen Sie nicht, während ein anderer spricht.
- Zeigen Sie Interesse am Unterricht, und achten Sie auf eine durchweg positive Körpersprache.

NACH DER PRÜFUNG

»Sie sagen doch immer, dass wir durch unsere Fehler lernen, also sollte ich dann nicht so viele wie möglich machen?«

PRÜFUNGSERGEBNISSE UND BESCHWERDEN

Geschafft. Die Prüfung liegt hinter Ihnen. Ein gutes Gefühl, auch und zumal, wenn sie nicht so gut lief. Doch auf dem Weg zu besseren Studienleistungen gehört beides dazu, Erfolg und Misserfolg. Und aus beidem können Sie lernen.

Feedback nutzen, um Leistungen nachhaltig zu verbessern

Genauso wie Sportler unmittelbar nach einem Wettkampf ihre Leistungen analysieren, um Schwachstellen und Fehler aufzudecken, sollten auch Sie alte Klausuren nutzen, um Ihre Leistungen zu verbessern. Vergleichen Sie Ihre Antworten mit dem Lösungsschlüssel. Lesen Sie sämtliche Kommentare des Korrektors durch. Analysieren Sie Ihre Leistung sorgfältig, um zu verstehen, welche Faktoren für Erfolg oder Misserfolg entscheidend waren. Was war los? Lag es am Zeitmanagement? Oder haben Sie eine Frage falsch verstanden? Oder gab es irgendeinen anderen Grund? Überlegen Sie: Was kann ich daraus lernen? Was kann ich nächstes Mal besser machen?

Klausureinsicht – Lohnt das Feilschen um eine bessere Note?

Es ist fast immer möglich, Prüfungsergebnisse nachzuverhandeln in der Hoffnung, eine bessere Note zu bekommen. Allerdings sollte Ihnen klar sein, dass eine Neubewertung auch zu einer schlechteren Note führen kann. Es könnte sogar sein, dass der Korrektor Ihnen im Zweifel die bessere Note zuerkannt hat und der Schuss nun auch nach hinten losgehen kann. Sie sollten sich deshalb sehr genau überlegen, ob Sie eine offizielle Neubewertung der Prüfung beantragen wollen – es sei denn, Sie sind durchgefallen und haben ohnehin nichts zu verlieren. Bedenken Sie auch, dass die subjektive Einschätzung der eigenen Leistung ein schlechter Indikator ist und

Ihren Leistungsstand im objektiven Vergleich mit anderen Prüfungsteilnehmern nicht abbilden kann.

Wenn Sie dennoch erwägen, Ihr Prüfungsergebnis offiziell anzufechten, sollten Sie zunächst die Fakten prüfen. Wenn möglich, vergleichen Sie die Antworten mit den Antworten im Lösungsschlüssel oder den korrekten Antworten eines Kommilitonen. So finden Sie am ehesten heraus, ob es sich lohnt, diesen Schritt zu gehen. Als nächstes können Sie eine stichhaltige Begründung für die erfolgte Bewertung verlangen. In vielen Ländern sind die Universitäten verpflichtet, die Prüfungsnote auf Verlangen des Studenten zu rechtfertigen. Falls Sie auch nach diesem Feedback mit der Note nicht einverstanden sind, sollten Sie abwägen, wie hoch die Erfolgsaussichten auf eine verbesserte Note sein werden, wenn Sie den Prozess fortführen und auf eine Neubewertung bestehen. Sind Sie überzeugt davon, dass es die Sache lohnt, nur zu! Und noch etwas: Sollten Sie der Meinung sein, der Korrektor habe Teile Ihrer Antwort missverstanden, dann legen Sie dies in Ihrer Beschwerde mit einer ausführlichen, inhaltlichen Begründung dar.

Nachschreiben

Manchmal ist es unumgänglich, eine Prüfung nachzuschreiben oder zu wiederholen. Der Nachschreibetermin sollte strategisch günstig liegen, am besten in einem Zeitraum, in dem Sie anderweitig nicht allzu sehr eingespannt sind und in anderen Seminaren keine Einbußen dadurch haben. Sie können auch überlegen, ob Sie den Termin nicht in den gleichen Zeitraum einer Prüfung mit ähnlichem Thema legen, um Synergien zu nutzen. Ich persönlich zum Beispiel hatte in meinem Bachelor-Studium im zweiten Semester einen Einführungskurs in Statistik belegt und in der Prüfung nicht ganz so toll abgeschnitten. Also beschloss ich, die Prüfung zu wiederholen, schob sie aber bis zum sechsten Semester auf, wo ich

Statistik für Fortgeschrittene belegt und ebenfalls eine Prüfung vor mir hatte. Auf diese Weise half mir die Wiederholung des Einführungsseminars für die Vorbereitung auf die Statistikprüfung für Fortgeschrittene und umgekehrt.

Die Möglichkeit, eine Prüfung wiederholen zu können, sollte als eine Art Sicherheitsnetz angesehen werden, nicht als Ausrede für eine laxe Vorbereitung auf die ursprüngliche Prüfung. »Muss ja nicht büffeln, kann ja nachschreiben«, ist keine gute Einstellung. Besser, Sie sagen sich: »Ich will versuchen, mein Bestes zu geben, und wenn's nicht klappt, kann ich es ja noch einmal versuchen.«

KURZ UND KNAPP

PRÜFUNGSERGEBNISSE UND BESCHWERDEN

- Vergleichen Sie Ihre Leistungen mit anderen, um herauszufinden, was Sie beim nächsten Mal besser machen können.
- Bevor Sie den offiziellen Weg der Beschwerde beschreiten, vergleichen Sie Ihre Antworten zunächst mit den Antworten im Lösungsschlüssel und/oder verlangen Sie eine Begründung für die erfolgte Bewertung. Ihre Beschwerde sollte inhaltlich ausführlich begründet sein und nur eingereicht werden, wenn das Risiko, am Ende eine schlechtere Note zu kassieren, minimal ist.

TEIL 2 IM ÜBERBLICK

- Die Zeit drängt, die Prüfung rückt näher, Druck baut sich spürbar auf. Nutzen Sie diese Zeit optimal für sich aus. Halten Sie sich alle sonstigen Termine vom Hals, damit Sie genug Lernzeit haben.
- Üben Sie mit alten Klausuren und/oder formulieren Sie Antworten auf potenzielle Prüfungsfragen.
- Erstellen Sie einen Aktionsplan, um die Lernzeit in der Prüfungsphase klug und optimal zu nutzen.
- Wählen Sie Kleidung, in der Sie sich wohl fühlen, denn nur so wirken Sie überzeugt und selbstbewusst.
- Hunger und Durst sind unnötige Quälgeister. Achten Sie darauf, *vor* und gegebenenfalls auch *während* der Prüfung ausreichend zu essen und zu trinken.
- Nutzen Sie für schriftliche Prüfungen die **CPR**-Strategie: **C**larify, **P**lan, **R**eview (Klarheit, Planung, Kontrolle).
- Lassen Sie keine Aufgabe unbeantwortet, es sei denn Falschantworten führen zu Punkteabzug. Wenn Ihnen die Zeit davonläuft, notieren Sie kurz noch einige Schlüsselbegriffe oder Kernsätze und/oder skizzieren Sie kurz, wie Sie die Aufgabe lösen würden.
- Bei Multiple-Choice-Aufgaben lesen Sie *alle* Antwortoptionen genau durch. Schieben Sie schwierige Fragen nach hinten. Wenn Sie unsicher sind, schließen Sie falsche Antworten aus und wählen Sie die wahrscheinlichste Option. Merke: Kurze Antworten sind meist unpräzise formuliert und daher falsch.
- Die *CPR*-Strategie kann auch für Referate und andere schriftliche Hausarbeiten genutzt werden.
- Für Gruppenarbeiten gilt: Setzen Sie die Gruppe sorgsam zusammen. Tauschen Sie Ihre Erwartungen aus. Einzelne Themenblöcke sollten von vornherein klar verteilt sein. Setzen Sie konkrete Fristen.

- Damit mündliche Prüfungen und Referate optimal gelingen, heißt es im Vorfeld: Üben, üben, üben. Halten Sie jederzeit Blickkontakt mit Ihrem Publikum. Achten Sie auf eine bewusste Körpersprache, und zeigen Sie Enthusiasmus.
- Wenn Sie eine schriftliche Prüfung zurückbekommen, lesen Sie sämtliche Kommentare aufmerksam durch, und vergleichen Sie Ihre Antworten mit dem Lösungsschlüssel. Lernen Sie aus Ihren Fehlern und reflektieren Sie, was Sie beim nächsten Mal besser machen können.
- Bevor Sie den offiziellen Weg der Beschwerde beschreiten, vergleichen Sie Ihre Antworten zunächst mit den Antworten im Lösungsschlüssel und/oder verlangen Sie eine Begründung für die erfolgte Bewertung. Anhand dieser Informationen schreiben Sie eine Beschwerde. Sie sollte inhaltlich ausführlich begründet sein und nur eingereicht werden, wenn das Risiko, am Ende eine schlechtere Note zu kassieren, minimal ist.

TEIL 3

DIE RICHTIGE EINSTELLUNG

MOTIVATION UND EINSTELLUNG

»Ich glaube, dass Beharrlichkeit unerlässlich ist, um Erfolg zu haben. Also warte ich solange, bis Sie zugeben, dass meine Antwort richtig ist.«

MOTIVATION IST DAS A UND O!

Vor ein paar Jahren gab es einen Wettbewerb, um Spendengelder für wohltätige Zwecke zu sammeln. Mit Ausnahme einiger weniger Unterbrechungen mussten die Teilnehmer auf einem 70 x 70 cm großen Teppich stehen und ein Seil festhalten, unabhängig von Wetter und Tageszeit. Als Preis gab es einen wunderschönen Oldtimer zu gewinnen: einen Bentley, Baujahr 1956. Rund einhundert Menschen nahmen am Wettbewerb teil; darunter ein Mann, ein Vater, der sein Kind an einem angeborenen Herzfehler verloren hatte und seinem Kind zu Ehren am Wettbewerb teilnahm. Er plante, den Wagen im Gewinnfalle zu verkaufen und vom Erlös ein Haus für seine Familie zu bauen. Speziell dieser Teilnehmer war mit Feuereifer dabei und hochmotiviert, sehr viel stärker als alle anderen, denen es lediglich um das schnelle Geld ging. Er war derart angespornt, dass ihn weder die Schmerzen in den Beinen noch Hunger noch Schlaflosigkeit etwas anhaben konnten. Nach 24 Stunden waren noch zwei Teilnehmer übrig: der Vater und eine weitere Person. Nach 48 Stunden waren beide völlig am Ende, allein ihr innerer Antrieb hielt sie noch auf den Beinen. Nach 50 Stunden gab der andere Teilnehmer auf! Es war schlicht unmöglich, gegen den unbedingten Willen des Vaters anzukommen.

»Anfangen und durchalten«, so könnte man Motivation hier definieren. Es ist der schiere Zwang oder Wunsch, ein bestimmtes Ziel erreichen zu wollen. Vereinfacht gesagt, Motivation ist Ausdruck unbedingter Willenskraft. Wenn Sie also den unbedingten Willen haben, Ihr Studium zu meistern und gute Leistungen zu erbringen, könnte man Sie durchaus als hochmotiviert bezeichnen.

Warum ist Motivation so wichtig? Weil es einen direkten Zusammenhang zwischen Motivation und Leistung gibt. Studie um Studie ergab, dass Studenten, die Lernerfolge haben, stärker motiviert sind als andere. Beispiel: Eine in Deutschland durchgeführte Studie mit 3500 Mathematik-Studenten ergab, dass diejenigen Studenten, die motiviert lernten, in ihrem Fach eine bessere Leistungsentwicklung zeigten und auch bessere Noten erzielten als jene, die einen niedrigen Motivationsgrad hatten.

Wer also eine wahrhaft starke Motivation für bessere Noten entwickeln kann, wird dieses Ziel umso wahrscheinlicher erreichen, und umso motivierter Sie lernen, umso besser schneiden Sie ab. Motivation, das heißt Zielrichtung, mehr Elan und mithin höhere *Leistungskraft*. Motivation hält aktiv, macht das Lernen leichter und zahlt sich am Ende aus. Motivation wirkt auf unser Bewusstsein ebenso wie auf unser Unterbewusstsein, arbeitet also für uns, auch wenn wir es vielleicht gar nicht bemerken.

Intrinsische und extrinsische Motivation

Lernpsychologen unterscheiden zwischen intrinsischer und extrinsischer Motivation. Intrinsische Motivation heißt, dass der Antrieb für das, was wir tun, von innen kommt (deshalb der Begriff intrinsisch) und wir dafür keine Belohnung erwarten, da das Ausführen der Aktivität an sich Ziel und Belohnung ist. Beispiel: Spielt jemand Fußball, weil er Spaß daran hat, ist er intrinsisch motiviert. Die Tätigkeit selbst ist Belohnung. Extrinsische Motivation hingegen bedeutet, dass der Antrieb für das, was wir tun, im Außen liegt (deshalb der Begriff extrinsisch) und wir dafür eine Belohnung erwarten. Beispiel: Spielt jemand Fußball, weil sein Vater das so will (und er sich dadurch Lob und Anerkennung erwartet), ist er extrinsisch motiviert.

Neugier kann ein starker intrinsischer Antrieb sein. Jedes Kind besitzt die angeborene innere Motivation, jede einzelne Ecke seiner Umgebung zu erkunden, und jeder Wissenschaftler und Abenteurer hat den Drang, die Welt zu erforschen. George Mallory, Erstbesteiger des Mount Everest, antwortete auf die Frage, warum er denn den Mount Everest unbedingt besteigen wollte, mit dem berühmten Satz: »Weil er da ist!«

Wer studiert, weil er gerne studiert, oder sich schlicht für dieses oder jenes Fach interessiert, ist intrinsisch motiviert. Und wer angetrieben wird vom Bestreben und dem guten Gefühl, immer noch besser zu werden, ist ebenfalls intrinsisch motiviert. In allen anderen Fällen sind die Lernhandlungen durch eine Mischung aus beiden Formen der Motivation gekennzeichnet, oder aber ausschließlich extrinsisch motiviert.

Die gute Nachricht: Es kommt nicht so sehr darauf an, wie Sie sich motivieren. Entscheidend ist der Grad der Motivation, den Sie erreichen.

WIE KANN ICH MICH SELBST MOTIVIEREN?

Handlungen brauchen Sinn und Zweck

Mal angenommen, es käme einer daher und würde verlangen, dass Sie Ihre Socken ausziehen und fortan an den Händen tragen. Würden Sie es tun? Wohl kaum. Oder würden Sie ins Kino gehen und sich den ganzen Film lang die Augen zuhalten? Wohl auch nicht. Nein, wir haben keine Lust, unsere Zeit und Energie für Dinge zu verschwenden, die uns sinnlos scheinen. Das ist ganz natürlich und nicht das Problem. Das Problem ist, dass viele Studenten in ihrem Studium offenbar gar keinen sinnstiftenden Nutzen erkennen können. Auf die Frage »Warum sind Sie hier?« hört man oft Antworten wie »Weiß nicht« oder »Weil ich muss«. Doch wer nicht weiß, wo er hin möchte, sein Studium als einzigen Krampf empfindet und Sinnzweifel hegt, wird keine Motivation aufbringen können. Um sich stärker zu motivieren, müssen Sie sich in allererster Linie mit dem, was Sie tun, identifizieren und sich bewusstmachen, warum und weshalb Sie eigentlich einen Studienabschluss anstreben. Schreiben Sie sämtliche Vorteile auf, die Ihnen ein erfolgreicher Studienabschluss bringen kann (bessere Berufschancen, mehr Geld, umfangreiche Weltkenntnis usw.), und jedes Mal, wenn Sie ein Motivationstief haben, holen Sie diese Liste hervor.

Setzen Sie sich Ziele!

Zielsetzung ist die meist genutzte Motivationstechnik, auf die ich später in einem eigenen Kapitel noch kommen werde. Ich bin überzeugt, dass die wirksamste Technik darin besteht, sich selbst ein großes Ziel zu setzen, eins, für das Sie wirklich brennen, oder vielleicht auch eins, das Sie sich erträumen. Und dieses Ziel wird Sie richtiggehend motivieren.

Das Gefühl der Meisterung

Kennen Sie das? Das Gefühl, enttäuscht und frustriert zu sein, wenn man versucht, eine anspruchsvolle Aufgabe zu meistern und immer wieder daran scheitert? Und dann endlich, nach einigen Anstrengungen, hat man es endlich geschafft und ist überglücklich! Dieses euphorische Hochgefühl, die Herausforderung bravourös gemeistert zu haben, ist ein starker motivationaler Antrieb. Dabei muss man gar nicht mal der/die Beste sein, um dieses Gefühl der Meisterung zu erfahren; man muss lediglich das Gefühl haben, Fortschritte zu machen.

Stellen Sie sich einmal zwei jeweils unterschiedliche Sportarten, Tätigkeiten oder Hobbys vor. Jeweils eins davon können Sie extrem gut, mit dem anderen tun Sie sich richtig schwer. Vielleicht sind Sie ein/e begnadeter Basketball-Spieler/in, aber ein/e miserabler/e Sänger/in. Was von beidem machen Sie lieber? Womit verbringen Sie mehr Zeit? Klare Antwort: Es zieht uns natürlich eher zu Tätigkeiten hin, in denen wir gut sind oder das Gefühl der meisterlichen Beherrschung häufiger erleben können.

Nicht anders ist es mit dem Lernen. Wenn Sie Mathe, Physik oder was auch immer Sie gerade lernen, nicht verstehen und dieses *meister*liche Hochgefühl auch nicht erfahren, werden Sie nicht motiviert sein. Versuchen Sie deshalb, die Chancen zur Leistungsmotivation zu maximieren, um das Gefühl der Meisterung zu erleben. Dies mag bedeuten, dass Sie zusätzlich Zeit aufwenden müssen, um den Stoff zu verstehen. Aber diese Zeit ist ein kleiner Preis für den gewonnenen Schub an Selbstzufriedenheit und Motivation.

Belohnen Sie sich!

Die Aussicht auf eine Belohnung, kann motivieren, sich hinzusetzen und zu lernen, insbesondere, wenn der Stoff, den Sie zu lernen haben, extrem anspruchsvoll oder langweilig ist. Die Belohnung muss nicht groß sein. Ein Eis oder ein gutes Essen tut es schon. Doch damit sie die Lernleistung effektiv beeinflusst, muss sie *nach* der anstrengenden Lernsitzung erfolgen, nicht davor. Sie sollte nicht an das Lernergebnis, sondern an die erfolgte Anstrengung gebunden werden. Belohnen Sie sich also nicht für eine bestimmte Note, sondern für die Zeit und Energie, die Sie zum Erreichen dieser Note aufgewendet haben.

Messen Sie sich!

Viele von uns messen sich gerne mit anderen, und der Wettstreit ist Kernelement vieler Sport- und Freizeitaktivitäten. Wo bliebe denn sonst der Spaß, wenn es beim Kartenspielen nicht ums Gewinnen ginge, oder zwei Rivalen auf dem Tennisplatz nicht um jeden einzelnen Ball hart kämpften? In einen Wettstreit zu treten, bewegt und erregt uns emotional sehr stark. Es gibt unseren Aktivitäten eine Bedeutung und macht sie spannender. Wer begeistert Sport treibt, weiß, dass es mehr Spaß macht, ein Spiel gegen eine andere Mannschaft auszutragen und aktiv mitzugestalten, als nur zu trainieren.

Wettkämpfe spornen uns an und eignen sich insbesondere, um Höchstleistungen abzurufen. In einem Wettkampf rennen wir schneller und verausgaben uns stärker, als wir dies im Training tun.

Sofern Sie also Ihre Wettkampfinstinkte wecken können, können Sie Ihre Studienleistungen steigern. Treten Sie gegen sich selbst an: Versuchen Sie, ob Sie heute nicht etwas länger lernen können als gestern. Versuchen Sie, ob Sie in diesem Semester nicht eine bessere Durchschnittsnote als im letzten erzielen können. Obendrein können Sie sich auch mit Kommilitonen oder dem Klassendurchschnitt messen. In Oxford hatte ich mal eine Notenwette mit einer Kommilitonin am Laufen: Wer die schlechtere Note hatte, musste für den anderen einen Kuchen backen. Da ich es hasse zu verlieren, gab mir diese Wette einen extra Motivationskick, und ich büffelte, was das Zeug hielt – am Ende musste meist sie mir einen Kuchen backen! Und selbst wenn ich mal der Verlierer war, war doch etwas gewonnen, denn durch die zusätzliche Mühe, die ich mir gab, hatte ich mehr gelernt als sonst, und das war im Grunde weit wichtiger, als die Wette zu gewinnen. In diesem Sinne haben derartige Wetten keine Verlierer – nur Gewinner!

Wer also seine Lernmotivation steigern kann, profitiert beträchtlich! Ihr Studium fühlt sich weniger mühsam und belastend an, und Ihr Durchhaltewille, Ihr Fokus und Ansporn werden sich enorm potenzieren. Mit der Motivation ist es wie mit dem Sprit im Auto. Je mehr Sie davon haben, desto weiter kommen Sie voran. Wenn er verbraucht ist, geht nichts mehr! Motivation ist das A und O!

KURZ UND KNAPP

MOTIVATION IST DAS A UND O!

- Meisterung-Motivation ist extrem wichtig. Motivation, das heißt Zielrichtung, mehr Elan und mithin höhere *Leistungskraft.*
- Um sich selbst zu motivieren,
    1. geben Sie Ihren Handlungen Sinn und Zweck
    2. setzen Sie sich Ziele
    3. erfahren Sie das Gefühl der Meisterung
    4. belohnen Sie sich
    5. messen Sie sich

DAS LERNEN LERNEN: ÜBERNEHMEN SIE EIGENVERANTWORTUNG FÜR IHRE LEISTUNGEN

Stellen Sie sich vor, Sie sitzen im Bus auf dem Weg zur Arbeit oder einem anderen Ziel, wo Sie unbedingt pünktlich ankommen müssen. Sie sind spät dran, aber es scheint, als würden Sie es noch rechtzeitig schaffen – nur noch 200 Meter bis zur Haltestelle. Plötzlich passiert vor Ihnen ein Unfall, der Verkehr gerät ins Stocken und kommt schließlich völlig zum Erliegen. Der Busfahrer öffnet die Türen, sodass jeder, der will, aussteigen kann. Was machen Sie? Bleiben Sie untätig sitzen und warten Sie, bis der Verkehr wieder fließt und der Bus bis zu Ihrer Haltestelle weiterfahren kann? Natürlich nicht. Sie steigen aus und gehen das letzte Stück zu Fuß. Warum erzähle ich das? Nun, der springende Punkt ist, dass wir wohl alle sehr gut wissen, wie sich banale Probleme lösen lassen.

Doch die Fähigkeit, Probleme rasch zu erkennen und zu lösen, scheint füglich vergessen, wenn es um unser Studium geht. Viele Studenten sind ganz gut darin, sich angesichts jeder studienbezogenen Schlappe oder Herausforderung zum Opfer zu machen. Wer Lerninhalte nicht auf Anhieb versteht, schmeißt hin. Wem es daheim zu laut ist, kann dort unmöglich lernen.

Ach ja, und da wären noch schlechte Dozenten, langweilige Lehrbücher, komplexe Inhalte, und überhaupt ist alles ziemlich nervig. Ja, so ist das, schwierige Herausforderungen gehören zum Studentenleben dazu, und sind bestimmt keine Entschuldigung für schlechte Leistungen. Sie müssen begreifen, dass Sie und nur Sie allein für Ihr studentisches Schicksal verantwortlich sind, dann ist ein erster und entscheidender Schritt auf dem Weg zum Erfolg gemacht. Es liegt allein in Ihrer Verantwortung, sich Zeit zum Lernen zu nehmen und sich in dieser Zeit auch tatsächlich hinzusetzen und zu lernen. Es liegt allein in Ihrer Verantwortung, auf Prüfungen gut vorbereitet zu sein. Es liegt allein in Ihrer Verantwortung, alle Herausforderungen, die Ihnen begegnen, zu bewältigen. Wenn Sie die Erklärungen im Lehrbuch nicht gleich verstehen, dann ist dies keine Entschuldigung, zu kapitulieren. Suchen Sie nach anderen Büchern oder Lernmitteln. Fragen Sie Kommilitonen oder recherchieren Sie dazu im Netz. Sobald Sie sich eingestehen, dass Sie selbst es sind, nichts und niemand sonst, der sich den Weg zum Erfolg verbaut, werden Sie erkennen, dass die Lösung in Ihnen selbst begraben liegt. Und das ist eine positive Erkenntnis, weil Sie Ihnen die volle Kontrolle über sich selbst gibt. Indem Sie sich daran gewöhnen, Verantwortung für sich selbst zu übernehmen, steigern Sie nachhaltig Ihre Fähigkeit, effiziente Lösungen schnell zu finden, wann immer es Herausforderungen und Hürden zu meistern gilt.

Selbstmotivation lernen: Finden Sie heraus, was Sie wirklich motiviert!

Anna ist Studentin der Sozialwissenschaften, die sich eine Wohnung mit drei Freunden teilt. In den ersten Tagen ihres gemeinsamen Zusammenlebens hörten ihre Mitbewohner sie oft in ihrem Zimmer laut lesen, was ihnen irgendwie seltsam schien. Sie dachten, Anna läse irgendwem vor, am Telefon vielleicht. Aber als sie sie darauf ansprachen, sagte sie: »Ich habe herausgefunden, dass ich mir zweimal so viel merken kann, wenn ich laut lese, als wenn ich still und leise lese.« Insofern war Annas Verhalten überhaupt nicht seltsam, sondern sehr rational.

Menschen sind unter jeweils ganz verschiedenen Bedingungen am lern- und leistungsfähigsten. Manche können sich zum Beispiel besser konzentrieren, wenn sie die Augen geschlossen haben, wenn alle visuellen Ablenkungen ausgeschaltet sind. Mit der Zeit lernt man sich selbst kennen und weiß, wie man die Ergebnisse seiner Anstrengungen maximieren kann. Aber warten Sie nicht untätig ab; gehen Sie die Sache proaktiv an, indem Sie neue Lerntechniken ausprobieren. Nur so können Sie neue Wege entdecken, um Ihre Motivation zu verbessern. Seien Sie daher offen für die Ratschläge anderer und probieren Sie den ein und anderen auch einmal aus. Bleiben Sie aufgeschlossen, um kontinuierlich besser zu werden.

KURZ UND KNAPP

DAS LERNEN LERNEN: ÜBERNEHMEN SIE EIGENVERANTWORTUNG FÜR IHRE LEISTUNGEN

- Übernehmen Sie Verantwortung für Ihre eigene Lern- und Leistungsfähigkeit. So steigern Sie nachhaltig Ihre Fähigkeit, effiziente Lösungen schnell zu finden, wann immer es Herausforderungen und Hürden zu meistern gilt.
- Jammern Sie nicht, wenn's mal schwierig wird; seien Sie vielmehr kreativ, und finden Sie neue Wege, um schwierige Situationen zu bewältigen.

MENTALTECHNIKEN

ZIELSETZUNGEN

Bis Jim Carrey als Schauspieler weltberühmt wurde, war es ein harter Weg. Berichten zufolge, war seine Familie derart arm, dass er zeitweilig in einem Auto lebte, dass auf dem Hof von Verwandten stand. Kein Wunder also, dass der angehende Schauspieler ohne einen Penny in der Tasche nach Los Angeles kam. Doch was Carrey an finanziellen Mitteln fehlte, machte er durch seinen Ehrgeiz wett. Oft und gerne, so erzählte er einmal, fuhr er in seinem alten Toyota den Mulholland Drive hinauf, um die Skyline von Los Angeles zu sehen und von seiner Zukunft zu träumen. Eines Abends beschloss er, sich ein hehres Ziel zu setzen. Er stellte sich selbst einen Scheck über 10 Millionen Dollar aus, den er auf fünf Jahre später datierte. Den Scheck steckte er in seine Brieftasche als stete Erinnerung an sein Ziel. Der Rest ist Geschichte. Nachdem er mit den Filmen »Ace Ventura – Jetzt wird's wild«, »Die Maske« und »Dumm und Dümmehr« enorme Erfolge feierte, hatte Carrey mehr als genug Geld, um seinen riesigen Scheck fünf Jahre später einzulösen – wie er es erträumt hatte.

Nun müssen Sie nicht zum nächsten Aussichtspunkt fahren, Ihren Blick über die Stadt schweifen lassen und von Ihrer Zukunft träumen, so wie Carrey es tat. Aber auch Sie können Zielsetzungstechniken nutzen, um mehr zu erreichen. Ziele nämlich sind wichtig für den Erfolg. Sie geben uns Richtung und Antrieb. Manchen Menschen fällt es leicht, sich selbst zu motivieren, allein dadurch, dass sie ihre Gedanken auf einen Erfolg jetzt und hier fokussieren, doch die meisten von uns müssen erinnert werden, nach welchen Zielen sie langfristig streben.

Gute Ziele sind motivierend, geben ein positives Gefühl und Energie. Gute Ziele fokussieren unser Verhalten. Sie lenken uns hin zu besseren, erfolgsorientierten Entscheidungen im täglichen Leben.

Aber Ziele sollten auch konkret sein. Konkrete Ziele zu haben, erhöht die Leistungsfähigkeit, wie unzählige Studien weltweit gezeigt haben.

Ziele nach SMART-Kriterien

Grundsätzlich gilt: Eine gute Regel muss **SMART** sein. Jeder Buchstabe im Wort **SMART** steht für eine bestimmte Zielfunktion.

S = **S**pezifisch	Das Ziel muss klar und einfach zu benennen sein.
M = **M**essbar	Das Ziel muss objektiv messbar sein, beispielsweise in Form einer Note.
A = **A**mbitioniert	Das Ziel muss umsetzbar sein und eine gewisse Herausforderung darstellen.
R = **R**ealistisch	Das Ziel muss körperlich machbar sein (nicht, dass Sie beim Versuch, es zu erreichen, einen Nervenzusammenbruch erleiden).
T = **T**erminiert	Es muss klar definiert sein, zu welchem (konkreten) Zeitpunkt das Ziel erfüllt sein soll.

Beispiele für SMART-Zielsetzungen

- einen Notendurchschnitt von 1,3 in diesem Semester
- für die nächste Hausarbeit eine 1,0
- eine 1,0 in Mathe
- Französisch-Sprachniveau verbessern, deshalb im nächsten Jahr ein Auslandssemester in Frankreich

Beispiele für weniger SMARTe Zielsetzungen

- meine Sache ordentlich machen
- so viel wie möglich vor der Prüfung lernen

- bestmögliche Noten erlangen
- drei Bachelor-Studiengänge gleichzeitig absolvieren und in jedem Kurs eine 1 bekommen

Warum sind diese Ziele nicht **SMART?** Weil sie nicht spezifisch (konkret), messbar, terminiert und im letzteren Falle auch nicht realistisch sind.

Setzen Sie sich mehrere Ziele!

Est es wichtig, sich sowohl kurzfristige als auch langfristige Ziele zu setzen. Die Motivationspsychologen Wormnes und Manger sagten einmal: »Ausdauer und Energie werden von Zielsetzungen beeinflusst. Jedes Mal, wenn wir Ziele erreichen, werden wir angespornt, weil wir erfahren, dass es ganz allein auf unsere Anstrengungen ankommt. Es lohnt sich durchzuhalten. Unterbewusst verleiht uns dies eine gesteigerte Energie und nährt unsere Erwartung, den Erfolgskurs fortsetzen zu können. Die Motivation wird aufrechterhalten und gestärkt.«

Formulieren Sie eigene SMARTe Ziele

Meine Tipps:

1. Das Ziel: Ich weiß genau, wohin ich steuere, welche/n Ausbildung/Beruf ich machen werde (langfristiges Ziel).
2. Das Ziel: Ich weiß genau, mit welcher Note ich abschließen möchte (langfristiges Ziel).
3. Das Ziel: Ich weiß genau, welchen Notenschnitt ich in jedem einzelnen Semester erzielen möchte (kurzfristiges Ziel).
4. Das Ziel: Ich weiß genau, welche Note ich in welchem Fach erzielen möchte (kurzfristiges Ziel).
5. Das Ziel: Ich habe für jede einzelne Lernsitzung ein klares Lernziel formuliert (sehr kurzfristiges Ziel).

Es ist ebenso notwendig wie wichtig, dass Sie Ihre Ziele kontinuierlich an Ihre fortschreitenden Leistungen anpassen. Zu Beginn Ihres Studiums verfügen Sie noch nicht über hinreichende Einblicke, um realistische Ziele abzustecken. Zu einer anderen Zeit wiederum merken Sie, dass Sie ihre Ziele nur allzu leicht erreicht haben. In beiden Fällen kommt es darauf an, Ihre Ziele anzupassen. Wenn die Kluft zwischen erfolgter Leistung und gestecktem Ziel zu groß wird, wird das Ziel als Motivationsquelle seine Wirkkraft verlieren. Sagen wir mal, Sie treten Ihre Ausbildung an mit dem Ziel, sie mit einem Notenschnitt von 1,7 abzuschließen, den Sie locker schon im ersten Jahr erreichen, dann sollten Sie erwägen Ihre Zielmarke auf 1,3 oder gar noch höher zu schrauben.

Aber wie gesagt, es ist ebenso wichtig, auf jedes Notenergebnis vorbereitet zu sein, damit Sie nicht in eine Abwärtsspirale der Selbstkritik und Negativität geraten, sollten Sie ein Zwischenziel mal nicht erreichen.

WELCHE ZIELE HABEN SIE SICH GESTECKT?

Halten Sie sich Ihre Ziele immer wieder vor Augen!

Damit unsere Zielsetzungen nicht an Wirkkraft verlieren, müssen wir sie uns immer wieder in Erinnerung bringen. Vergessene Ziele haben keinen Wert. Aus diesem Grund empfehlen renommierte Sportpsychologen, dass wir unsere Ziele aufschreiben und so platzieren, dass wir sie möglichst oft vor Augen haben. Wenn wir unsere Ziele aufschreiben, verstärken wir die Energie, sie auch zu erreichen, umso mehr, wenn wir die Liste unserer Ziele gleich an mehreren wichtigen Orten aufhängen. Jim Carrey steckte einst den Scheck als Erinnerung an sein großes Ziel in seine Geldbörse, damit er ihn bei jedem Öffnen sah (üblicherweise mehrere Male am Tag). Der Olympia-Goldmedaillengewinner Egil Søby rät, sämtliche Ziele auf ein

Plakat zu schreiben und dieses dann an die Wand zu hängen, zum Beispiel über den Schreibtisch. Vielleicht finden Sie auch ein Bild, das Ihr Ziel repräsentiert und das Sie sich als Hintergrundbild auf Ihr Smartphone oder Ihren Computer laden können.

KURZ UND KNAPP

SETZEN SIE SICH ZIELE

- Ziele geben Ansporn und Motivation. Schreiben Sie Ihre Ziele auf, und hängen Sie diese Liste irgendwo gut sichtbar auf.
- Setzen Sie sich mehrere Ziele, große ebenso wie mittelgroße Ziele. Passen Sie diese Ziele gegebenenfalls Ihren fortschreitenden Leistungen an.
- Setzen Sie sich **SMART**e Ziele: **S**pezifische, **M**essbare, **A**mbitionierte, **R**ealistische, **T**erminierte

WO BLEIBT DER SPASS?

Peter ist ein Autonarr vor dem Herrn. Er liebt es, sein Auto zu waschen, Öl zu wechseln und im Internet allerlei coole Accessoires zu shoppen. Michael, Peters Bruder, hat auch ein Auto, aber für ihn ist das Auto bloß ein Fortbewegungsmittel. Er ärgert sich jedes Mal, wenn er es waschen oder eine Scheinwerferlampe wechseln muss.

Was dem einen Must und Freude ist, ist dem anderen nur Ärger und Verdruss. Warum ist das so? Nehmen wir als Beispiel einmal Gärtnern oder Kochen. Die einen tun das liebend gerne; die anderen kann man damit jagen.

Mit dem Lernen ist es genauso. Für die einen ist es eine interessante Betätigung; es macht ihnen Freude, neue Dinge zu lernen und Aufgaben zu lösen. Für die anderen ist es eine Pflicht, ein notwendiges Übel. Wäre es nicht viel besser, wenn jeder Spaß am Lernen hätte? Ein bisschen wenigstens?

Wenn Sie irgendwann an den Punkt kommen, an dem Sie Ihr Studium als sinnvoll und motivierend erleben, sodass es Ihnen tatsächlich Spaß macht, werden Sie nicht nur mehr, sondern auch schneller lernen. Menschen, die mit dem, was sie tun, glücklich und zufrieden sind, erbringen sehr viel bessere Leistungen. Ein Artikel, der 2005 im *Psychological Bulletin* erschien, einer internationalen wissenschaftlichen Fachzeitschrift im Bereich der Psychologie, herausgegeben von der *American Psychological Association*, besagt folgendes: »Wie zahlreiche Studien zeigen, haben zufriedene Menschen mehr Erfolge im Berufsleben, in Freundschaften und Beziehungen. Sie verdienen mehr Geld und erfreuen sich auch einer besseren Gesundheit.«

Ich habe so viele Studenten erlebt, denen es gelungen ist, im eigenen Lernen zunehmend Sinn und Freude zu finden, dass ich überzeugt bin, dass auch Sie es schaffen können. Es gibt Menschen, denen es ein Maximum an Freude bereitet, Vögel zu beobachten, Plane-Spotting zu betreiben oder Briefmarken zu sammeln. Warum also nicht auch Freude im Studium finden, im unmittelbaren Gefühl, etwas Sinnvolles zu tun?

MEHR SPASS IM STUDIUM

Ändern Sie Ihre Einstellung!

Die innere Einstellung zu allem, was wir tun, bestimmt maßgeblich unsere Wahrnehmung. Wer ohnehin schon beschlossen hat, es sei langweilig und anstrengend, ein Lehrbuch zu lesen, der wird sehr wahrscheinlich genau so empfinden, sobald er sich hinsetzt und zu lesen anfängt. Wer sich hingegen sagt, »Ich habe Freude am Lernen, und was ich lese, ist wichtig, um meine Ziele zu erreichen«, entwickelt eine positive innere Haltung und macht damit eine viel bessere Lernerfahrung, auch wenn der Stoff nicht sonderlich interessant ist.

Mein persönliches Aha-Erlebnis, das meine Sicht auf mein Studium völlig verändert hat, hatte ich zu Highschool-Zeiten. Ich hatte damals einen Job in einem kleinen Restaurant, machte den Abwasch, räumte Tische ab, machte Pizza und brachte den Müll raus. Der Laden brummte, hatte aber nur eine minikleine Küche. Oft arbeitete ich stundenlang ohne Pause, wusste nie vorher, wann ich Feierabend haben würde. Endlich wieder zu Hause, war ich völlig platt. Diese Erfahrung relativierte alles, rückte meine Sicht auf mein Studium unwillkürlich zurecht. Schlagartig wurde mir bewusst, dass Studieren, Lesen und Lernen im Vergleich dazu so schlecht eigentlich gar nicht ist – ich kann all dies gemütlich von zu Hause aus tun und Pause machen, wann ich will! Aber sich in einer Tour irgendetwas vorzupredigen, höre ich Sie sagen, ändert nun nichts an der Realität. Weit gefehlt, denn es sind unsere Gedanken, die bestimmen, wie wir die Realität wahrnehmen. Was Sie sich selbst vorsagen, ist durchaus von Belang. Und nur Sie allein können Ihre Gedanken in eine positive Richtung lenken. Probieren Sie es aus!

Lernen in der Gruppe

Zusammen mit anderen zu lernen, kann die schwere Last erleichtern und das Lernen angenehmer machen. Wie in Teil 1 bereits ausgeführt, kann das Lernen in der Gruppe positive Effekte auf die Lernleistung haben. Sie sollten lediglich darauf achten, dass die Gruppe nicht zu groß und das gesellige Miteinander dem Lernen nicht hinderlich ist.

Erleben Sie das Flow-Gefühl!

»Flow« ist ein mentaler Zustand, in dem Sie völlig in Ihr Tun vertieft sind und die Welt rund um sich herum vergessen: All Ihre Aufmerksamkeit ist derart auf diese eine Tätigkeit gerichtet, dass Sie andere Menschen oder Ablenkungen über andere Sinneseindrücke und sogar dringende Bedürfnisse wie Hunger und Durst gar nicht mehr mitbekommen. Im Flow-Zustand sind wir auf entspannte Weise hochproduktiv und hochbefriedigt. Wir arbeiten sehr viel effektiver.

Autoren, Komponisten, Wissenschaftler und Künstler sind prototypische Beispiele von Menschen, die meist vollkommen selbstvergessen in ihrer Arbeit aufgehen und diesen Zustand daher sehr viel leichter erreichen. Doch auch wer mit großen, komplexen Aufgaben befasst ist, kann in einen Flow-Zustand kommen. Höchstwahrscheinlich haben Sie den »Flow« schon viele Male selbst erlebt, ohne dass es Ihnen bewusst gewesen wäre. Um dieses Zustand höchster Leistungsfähigkeit und Befriedigung zu erreichen, ist es wichtig, dass Sie sich zu einhundert Prozent in Ihre Arbeit hineinbegeben. Schalten Sie Störquellen weitgehend aus und führen Sie selbst die Regie über Ihr eigenes Tun.

KURZ UND KNAPP

MEHR SPASS IM STUDIUM

- Wenn Sie sich bewusst sind, warum Ihr Studium wichtig ist, steigen das Interesse, der Spaß am Lernen und damit Ihre Motivation.
- Um mehr Spaß am Lernen zu haben, müssen Sie Ihre innere Einstellung ändern. Sagen Sie sich selbst immer wieder vor, dass Studieren eine tolle Sache ist. Oder lernen Sie mit anderen zusammen, vorausgesetzt, das Lernen in der Gruppe gestaltet sich effektiv.
- Begeben Sie sich in den »Flow-Zustand«, indem Sie Störquellen weitgehend ausschalten, sich zu einhundert Prozent in Ihre Arbeit hineinbegeben und Regie über Ihr eigenes Tun führen.

GLAUBEN SIE AN SICH SELBST!

Die Flügel der Hummel sind in Relation zu ihrem großen, schweren Körper, so klein, dass es der Hummel rein theoretisch eigentlich gar nicht möglich ist zu fliegen. Doch das weiß die Hummel nicht, und so fliegt sie munter umher, wie alle anderen Insekten auch.

Viele der Begrenztheiten, die wir erfahren, sind die, die wir uns selbst auferlegen. Doch wer die eigenen Schwächen vergisst und an sich selbst glaubt, wird überrascht sein, was alles passieren kann. Versuchen Sie es! Sie werden mehr Kraft haben, auftretende Hindernisse und Schwierigkeiten zu überwinden und (vielleicht auch) kreative Lösungen zu finden. Es ist wie mit der Hummel und dem Fliegen: Anstatt ihre Flügel ganz normal auf und ab zu bewegen, schlägt die Hummel sie im Flug ununterbrochen in Form einer Acht, bis zu 200mal in der Sekunde. Auf diese Weise fungieren die Flügel als kleine Propeller, die winzige Luftwirbel erzeugen und das Insekt in der Luft halten.

Napoleon Hill, Erfolgstrainer und Erfolgsautor, sagte einmal: »Was immer der menschliche Geist sich vorstellen und woran immer er glauben kann, das kann er auch vollbringen!« Heute besteht ein breiter Konsens darüber, dass der Glaube an sich selbst und die eigenen Fähigkeiten enorm wichtig für die Leistungskraft sind. Um Erfolg zu haben, müssen wir zuallererst daran glauben, dass wir diesen Erfolg auch haben *können*, dass wir die Stärke haben, alles umsetzen und schaffen zu *können*. Ob Sie Sportler sind, der sich auf einen Wettkampf vorbereitet, oder Student, der im Studium zu kämpfen hat, es ist enorm wichtig, dass Sie an sich selbst und Ihre Fähigkeiten glauben.

An sich selbst zu glauben, hat in hohem Maße mit Selbstvertrauen zu tun. Auch die Motivationspsychologen Wormnes und Manger haben herausgefunden, dass ein hohes Selbstbewusstsein, das zugleich realistisch mit sich selbst bleibt, für meisterhafte Erfolge unerlässlich ist, und dass der Glaube in die eigenen Fähigkeiten und Stärken das Leistungsvermögen steigert.

Gewiss, zu viel Selbstvertrauen kann auch in Überheblichkeit ausarten, sodass wir die Dinge schleifen lassen, da wir uns der eigenen Erfolge sicher sind. Doch ein geringes Selbstvertrauen ist noch schlimmer. Es kann dazu führen, dass wir Dinge von vornherein bleiben lassen und sie gar nicht erst versuchen. Wozu auch. Wenn ich mit Problemen im Studium zu kämpfen hatte, sagte ich mir immer: »Das haben schon viele andere vor dir durchgestanden. Und der ein oder andere hat sich bestimmt genauso oder noch mehr gequält wie du. Also, stell dich nicht an, du kannst es schaffen.«

So stärken Sie das Selbstvertrauen

»Glaube an dich selbst«, ist leichter gesagt als getan. Aber es hilft auch, sich darin zu üben und Techniken anzuwenden, die sich in der Praxis bewährt haben. Erinnern Sie sich an schwierige Aufgaben und/oder Situationen aus der Vergangenheit, die Sie gemeistert haben. Führen Sie sich diese Erfolge immer wieder bewusst zu Gemüte, um Ihre eigene innere Stärke zu erkennen. Erstellen Sie eine List solcher Aufgaben/Situationen, die Sie sich regelmäßig ansehen. Machen Sie es so wie ich: Überlegen Sie, was Sie erreichen wollen. Und das Studium haben auch andere vor Ihnen schon geschafft. Also können Sie das auch, wäre doch gelacht. Lassen Sie sich nicht von einem geringen Selbstvertrauen kleinkriegen. Sie können wesentlich mehr als Sie denken!

KURZ UND KNAPP

GLAUBEN SIE AN SICH SELBST!

- Glauben Sie an sich selbst! Glauben Sie daran, dass das Vertrauen in die eigenen Fähigkeiten die Leistungskraft fördert, die Sie stetig verbessern können.
- Um Ihr Selbstvertrauen zu stärken, rufen Sie sich am besten eine Situation in Erinnerung, in der es Ihnen gelungen ist, eine schwierige Aufgabe oder Situation erfolgreich zu meistern. Machen Sie sich klar, was Sie für sich selbst erreichen wollen. Und das Studium haben auch andere vor Ihnen schon geschafft. Also können Sie das auch, wäre doch gelacht.

DENKEN SIE POSITIV!

> *»Unmöglich – ist nur ein großes Wort, gesprochen von kleinen Männern, die es einfacher finden in der Welt zu leben, die ihnen gegeben wurde, als deren Kraft zu erkunden, die sie haben, um die Welt zu verändern. Unmöglich – ist kein Fakt. Es ist eine Meinung. Unmöglich – ist keine Erklärung. Unmöglich – ist temporär. Nichts ist unmöglich.«*
>
> **Muhammad Ali**

Gedanken und Erwartungen können extrem mächtig sein. In einer Studie zum Beispiel teilte man den Probanden mit, dass man ihnen ein Schmerzmedikament verabreichen würde, teilte ihnen aber nicht mit, dass es keinerlei aktiven Wirkstoffe enthielt. Ergebnis? Das Schmerzempfinden der Probanden sank. Darüber hinaus teilte man ihnen mit, dass dieses Medikament auch Nebenwirkungen wie Kopfschmerzen oder Übelkeit mit Erbrechen auslösen könne, woraufhin einige der Probanden genau diese Symptome zeigten. In der Medizin nennt man dies »Placebo-Effekt«.

Doch welch große Rolle unsere Erwartungshaltungen und Gedanken spielen, reicht weit über die Medizin hinaus. Wie zahlreiche Studien belegen, steigt die Aussicht auf Erfolg tatsächlich an, wenn wir positiv denken und fest daran glauben, dass wir in künftigen Situationen erfolgreich sein werden. Die Motivationspsychologen Wormnes und Manger sagen: »Je stärker der Glaube an das, was wir tun, desto besser das Ergebnis.«

Loy McGinnis, Autor des Buches *The Power of Optimism*, lehnt sich sogar noch weiter hinaus und sagt, dass Optimisten nicht nur im schulischen Bereich brillieren, sondern sich auch besserer Gesundheit erfreuen, ein höheres Einkommen haben, beständigere und glücklichere Ehen führen, mehr Zeit mit ihren Kindern verbringen und vielleicht sogar ein längeres Leben haben.

In seinem Buch *100 Ways to Motivate Yourself* schreibt Steve Chandler: »Ganz egal, welches Ziel Sie sich gesetzt haben, mit einer positiven Einstellung können Sie es zehnmal schneller erreichen.« Negative Gedanken hingegen rauben Energie. Sie fokussieren auf potenzielle Hindernisse und unliebsame Folgen anstatt darauf, wie ein Ziel am besten zu erreichen oder ein Problem am besten zu lösen ist. Wer sich sagt »Ich habe null Ahnung, die Prüfung werde ich wohl vermasseln«, fühlt sich weniger selbstsicher, weniger motiviert und wird wohl schlechter abschneiden als jemand, der sich sagt »Die Prüfung ist in fünf Tagen und ich muss noch richtig viel lernen, also, wie packe ich es an?« Die letztere, positive Denkweise lenkt den Fokus darauf, wie sich das Problem lösen lässt. Kurzum, positiv denken heißt, Chancen zu sehen, wo andere keine Aussicht auf Erfolg sehen. Positiv denken fokussiert die Energie auf die eigenen, selbstgesteckten Ziele und darauf, wie sie sich erreichen lassen.

NOCH POSITIVER DENKEN LERNEN

... mit den richtigen Worten und Fragen

Unsere Gedanken werden von den Worten, die wir gebrauchen, und den Fragen, die wir uns stellen, beeinflusst. Die Frage »Was muss ich tun, um der/die Beste zu sein?«, aktiviert unser Unterbewusstsein, die Antwort darauf zu finden. Der Satz »Ich kann mein Ziel erreichen, wenn ich daran arbeite, und unter Druck arbeite ich am besten« aktiviert unseren Geist, alle Mittel zu nutzen, damit dies auch gelingt.

Lächeln

Wenn wir glücklich sind, lächeln wir. So assoziiert unser Körper das Lächeln mit positiven Gefühlen und wirkt, wie in Teil 1 dargelegt, auch auf unsere innere Haltung. Sogar ein gezwungenes Lächeln kann eben noch trübe Gemüter optimistisch und heiter stimmen.

Umgeben Sie sich mit positiven Menschen

Wir werden von den Gefühlen und Sichtweisen anderer Menschen beeinflusst – ja, man kann sagen angesteckt. Versuchen Sie deshalb, sich mit positiven Menschen zu umgeben.

Rechnen Sie mit Niederlagen

Ganz wichtig: Positiv zu denken, heißt nicht, naiv oder blind optimistisch zu sein. Auf Ihrem Weg zum Ziel müssen Sie auf eventuelle Rückschläge vorbereitet sein. Abraham Lincoln, bekannt als einer der größten Präsidenten der USA, scheiterte zweimal als Geschäftsmann und musste bei den Kongresswahlen vier Niederlagen einstecken. Ein echter Optimist erwartet nicht, dass der Weg zum Erfolg ohne Hindernisse ist, aber er hält sich nicht damit auf. Tauchen Schwierigkeiten auf, sucht ein echter Optimist nach Lösungen, konzentriert sich auf neue Wege, nicht auf Wegsperren. Werden auch Sie zu einem echten Optimisten!

KURZ UND KNAPP

DENKEN SIE POSITIV

- Denken Sie positiv! Negative Gedanken rauben Energie; positive Gedanken erhöhen die Aussicht auf Erfolg.
- Um noch positiver zu denken, gebrauchen Sie gute Worte und Fragen: »Ich kann das schaffen, wenn ich es nur versuche. Wie kann ich diese Herausforderung anpacken?« Lächeln Sie, und umgeben Sie sich mit positiven Menschen.
- Rechnen Sie mit Niederlagen, aber fokussieren Sie sich nicht darauf. Das Ziel ist, ein echter Optimist zu werden!

SO BEWÄLTIGEN SIE NERVOSITÄT UND STRESS

Nervosität und Stress machen das Studium unnötig anstrengend und stehen guten Leistungen oft im Weg. Aber wir können lernen damit umzugehen und diese beklemmenden Gefühle in den Griff zu kriegen.

Stress

Viel zu tun, zu wenig Zeit. Über diese Art von Stress wollen wir hier sprechen. Gleichwohl sind die Auswirkungen dieser Art von Stress nicht alle negativ. Beispiel: Ein bisschen Stress lässt das Herz schneller schlagen und pumpt mehr Blut ins Gehirn. Die Atmung wird schneller und erhöht die Sauerstoffzufuhr zum Gehirn. Wir sind dadurch aufmerksamer und konzentrierter, laufen auf Hochtouren. Wer Angst hat, den Bus zu verpassen, rennt. Bei extrem großer Angst pumpt der Körper Adrenalin in die Muskeln, sodass diese schneller reagieren können und stärker werden – und wir beispielsweise noch schneller rennen oder zurückschlagen können. Ein bisschen Stress vor oder während einer Prüfung kann also durchaus bewirken, dass wir besser abschneiden.

Eine dauerhaft hohe Stressbelastung jedoch wirkt kontraproduktiv. Sie hält den Körper permanent in Alarmbereitschaft, überstrapaziert ihn – so wie man einen Muskel überstrapazieren kann, indem man ihn ununterbrochen benutzt und ihm keine Ruhepause gönnt. Das Verhältnis zwischen Stress und Leistung lässt sich wie folgt darstellen:

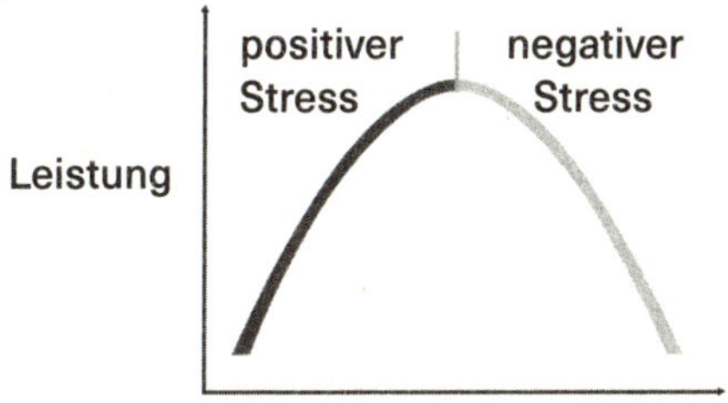

Techniken zur Stressbewältigung

Diese drei Techniken können helfen:

1. Packen Sie den Stress an seiner Wurzel! Versuchen Sie, mehr Zeit für sich zu gewinnen oder Ihr Arbeitspensum zurückzufahren. Lässt sich der große Berg in kleinere Häufchen aufteilen, die man einzeln in Angriff nehmen kann?
2. Versuchen Sie, eine Verlängerung für Termine und Fristen zu bekommen, oder die Dinge SMART zu organisieren (s. S. 187)! Bitten Sie andere um Hilfe und/oder koordinieren Sie sich, um die Belastung zu mindern und eine effektive Aufgabenerfüllung zu sichern.
3. Entspannen Sie sich! Lassen Sie sich nicht von Stressgefühlen dominieren. Denken Sie bewusst an etwas anderes, wenn Sie mal wieder an stressauslösenden Gedanken oder Vorstellungen kleben bleiben. Benutzen Sie Entspannungstechniken wie Meditation, Tiefenatmung oder kleine Nickerchen.

Generell sollten Sie versuchen, Stress und belastenden Situationen mit einer positiven Einstellung zu begegnen. Wissenschaftliche Studien kommen zu dem Ergebnis, dass eine positive Stresseinstellung zu weniger Stress und mehr Selbstvertrauen führt und mithin die Belastung für Körper und Seele verringert. Eine US-amerikanische Studie mit 30 000 Probanden ergab, dass diejenigen Probanden, die Stress zwar erlebten, diesem aber positiv begegneten, gesünder waren und länger lebten als diejenigen, die Stress als etwas Negatives bewerteten. Diese Erkenntnis führte die Forscher zu dem Schluss, dass jedes Jahr mehr als 20 000 US-Bürger nicht am Stress selbst sterben, sondern an der negativen Einstellung, mit dem sie ihm begegnen. In einer anderen Studie, durchgeführt an der Harvard University, wurden studentische Probanden aufgefordert, stressauslösende Aufgaben zu bearbeiten. Der einen Hälfte der Gruppe wurde gesagt, dass Stress gefährlich sei und Risiken berge, der anderen, dass Stress etwas Positives sei. Die Studenten der letzteren Gruppe führten die Aufgaben mit größerem Selbstvertrauen aus und waren durch die stressauslösenden Aufgaben weniger negativ belastet. Physiologische Untersuchungen zeigten, dass ihre Körper so reagierten wie bei Gefühlszuständen der Freude oder Courage. Die Studenten der anderen Gruppe hingegen wiesen Blutgefäßverengungen auf, eine körperliche Reaktion, die zu gefährlichen, wenn nicht gar chronischen Herzerkrankungen führen kann.

Nervosität

Nervosität ist die Angst vor dem eigenen Versagen. Wir befürchten als Ergebnis das Schlimmste, verlieren die Motivation und sind wie gelähmt, noch bevor wir das tatsächliche Ergebnis überhaupt kennen! Doch ein klein wenig Nervosität ist genauso förderlich wie ein klein wenig Stress. Ein klein wenig Nervosität lenkt die Konzentration und den Fokus auf Wege zum Erfolg. Doch (wie bei zu viel Stress auch) hindert uns eine übermäßig starke Nervosität an guten Leistungen, raubt geistige Energie und richtet unsere Aufmerksamkeit immer wieder auf angstvolle Gedanken und Vorstellungen anstatt auf eine gute Prüfungsvorbereitung und positive Grundeinstellung.

STRESS LASS NACH!

6 Tipps gegen Angst und Nervosität

1. **Kontrollieren Sie Ihre Gedanken**. In vielen Fällen lassen wir negative Gedanken zu. Wir denken »was, wenn ...« und »wie ist es mit ...« – und das macht uns unruhig und nervös. Diese Nervosität können Sie mindern, indem Sie Ihre Gedanken kontrollieren.

Sobald negative Gedanken in den Kopf drängen, versuchen Sie, an etwas anderes zu denken, oder visualisieren Sie ein positives Ergebnis (mehr dazu später). Verschieben Sie Ihren Fokus. Sagen Sie sich »Ich komm damit klar. Ich werde mein Bestes geben!« Erinnern Sie sich an bisherige Erfolge in Stresssituationen.

2. **Gut vorbereiten, bitte!** Wie wir alle wissen, minimieren wir das Risiko, durch die Prüfung zur rasseln, wenn wir effektiv darauf hin lernen. Sobald wir überzeugt sind, das Risiko zu scheitern minimiert zu haben, sinkt auch die Nervosität. Insofern schlagen wir damit zwei Fliegen mit einer Klappe: Die Chance auf eine gute Leistung steigt, und der Stresspegel sinkt.
3. **Bauen Sie Unsicherheiten ab!** Prüfungsformat, Prüfungsregeln und Bewertungskriterien zu kennen, gibt ein Gefühl der Sicherheit, was die Nervosität mindert. Finden Sie also möglichst viel im Vorfeld darüber heraus.
4. **Visualisieren Sie!** Die Visualisierungstechnik wird von Sportpsychologen in den USA seit den 1960er-Jahren eingesetzt. Diese Technik basiert auf einer intensiven Vorstellung der Leistung selbst. Begeben Sie sich an einen ruhigen, störungsfreien Ort und schließen Sie die Augen. Stellen Sie sich vor, wie Sie in den Prüfungsraum gehen und sich auf Ihren Platz setzen. Visualisieren Sie Ihre Umgebung, die anderen Studenten, die Prüfer. Gehen Sie in Gedanken den gesamten Prozess durch, stellen Sie sich vor, dass Sie eine optimale Leistung erzielen und sehen Sie sich selbst vor Ihrem geistigen Auge zu, wie Sie die Prüfung voll Selbstvertrauen schreiben. Visualisieren Sie diese Szenerie etwa 10 Minuten lang, und zwar tun Sie dies fünf- bis zehnmal, während Sie sich auf die Prüfung vorbereiten. Darüber hinaus stellen Sie sich vor, was Sie denken, fühlen und tun werden, sollte etwas schief laufen – wie zum Beispiel, dass ein Thema drankommt, über das Sie wenig wissen, dass Sie eine Blockade haben, oder

dass Ihr Taschenrechner plötzlich nicht mehr funktioniert. Auf diese Weise sind Sie gut gewappnet, sollten derartige Herausforderungen in der tatsächlichen Situation passieren.

5. **Lernen Sie Atemtechniken!** Gute Atemtechniken helfen, die Nervosität zu bekämpfen. Atmen Sie aus dem Bauch heraus, und beobachten Sie, wie sich Ihr Bauch mit jeder Einatmung hebt und mit jeder Ausatmung wieder senkt. Führen Sie lange und tiefe Atemzüge durch. Sie lösen Muskelverspannungen und wirken entspannend.
6. **Machen Sie Bewegungspausen!** Sport und andere körperliche Aktivitäten helfen, buchstäblich auf andere Gedanken zu kommen. Zudem schüttet das Gehirn beim Sport Endorphine aus, was für ein allgemein besseres Wohlbefinden sorgt und zu potenziellen Höchstleistungen beflügelt.

KURZ UND KNAPP

SO BEWÄLTIGEN SIE NERVOSITÄT UND STRESS

- Ein bisschen Stress ist gut, gibt zusätzliche Energie und erhöht die Leistungskraft.
- Um negativen Stress zu reduzieren, packen Sie ihn an seiner Wurzel, und fahren Sie Ihr Arbeitspensum zurück. Versuchen Sie, mehr Zeit für sich zu gewinnen oder effektiver zu arbeiten. Entspannen Sie sich. Atmen Sie aus dem Bauch heraus, und nutzen Sie Entspannungstechniken wie Meditation, Tiefenatmung oder kleine Nickerchen.
- Um Nervosität zu mindern, denken Sie positiv. Minimieren Sie das Risiko, durch die Prüfung zu rasseln, indem Sie effektiv darauf hin lernen. Machen Sie sich mit dem Prüfungsablauf vertraut. Visualisieren Sie, wie Sie die Prüfungssituation erfolgreich meistern.

SELBSTDISZIPLIN

»Das eine Merkmal, das den einen Menschen vom anderen unterscheidet, das Schlüsselmerkmal, das den einen Menschen zu höchsten Zielen hebt, während der andere im Mittelmaß steckenbleibt, ist nicht seine natürliche Begabung, nicht seine formale Bildung und auch nicht seine geistige Klarheit – es ist allein seine Selbstdisziplin. Mit Selbstdisziplin ist alles möglich. Ohne sie kann selbst das kleinste Ziel wie ein unmöglicher Traum erscheinen.«

Theodore Roosevelt
(ehemaliger Präsident der Vereinigten Staaten)

Selbstdisziplin ist die innere Kraft, die Sie motiviert zu tun, was es braucht, um ein Ziel zu erlangen, auch wenn dieses Tun langweilig oder anstrengend sein mag. Selbstdisziplin treibt Sie, Ihre Lehrbücher hervorzuholen und auf die morgige Prüfung zu pauken, auch wenn draußen die Sonne scheint, ein Mega-Sale in die Läden lockt oder Freunde spontan eine Party schmeißen. Selbstdisziplin bewirkt, dass Sie sich auf den Hosenboden setzen, konzentriert arbeiten und nicht ständig Facebook, E-Mails oder Handy checken. Selbstdisziplin bewirkt, dass Sie morgens aus den Federn springen, sobald der Wecker klingelt, nicht noch einmal die Schlummertaste drücken und sich für den Unterricht klarmachen.

Das Studentenleben, so heißt es, ist eine ständige Gratwanderung: heute Spaß und Sause, morgen Ernst des Lebens. Selbstdisziplin hilft, es mit ersterem nicht zu übertreiben, gleichwohl aber auch den Ernst des Lebens nicht zu ernst zu nehmen: Machen Sie heute kleine Abstriche und lassen Sie es mal nicht mit Ihren Freunden krachen, um morgen die Früchte Ihrer Mühen, wie zum Beispiel eine gute Note oder ein vielversprechendes Karriereangebot, ernten zu können.

Eine Reihe von Studien hat gezeigt, dass selbstdisziplinierte Menschen, langfristig gesehen, in vielerlei Hinsicht erfolgreicher sind als andere. Das bekannteste Beispiel hierzu ist der sogenannte Marshmallow-Test, durchgeführt von Walter Mischel, Psychologe an der Stanford University in den 1960er- und 1970er-Jahren. Mischel führte seinen Test an einer Vorschule durch, wo er die Kinder vor die Wahl stellte: Sie konnten einen süßen Marshmallow entweder sofort bekommen oder 15 Minuten warten und dann zwei bekommen. Diejenigen Kinder, die die Selbstdisziplin aufbringen konnten zu warten, hatten im späteren Leben vergleichsweise höhere Bildungsabschlüsse und Einkommen, waren gesünder und auch in anderen Lebensbereichen insgesamt erfolgreicher.

Somit kann es Ihnen durchaus zum Vorteil geraten, sich in Selbstdisziplin zu üben, zumal im Studium. Sie haben sich vorgenommen, eine Hausarbeit abzuschließen? Oder sich auf eine Prüfung vorzubereiten? Dann tun Sie es auch. Die größte Herausforderung in puncto Selbstdisziplin liegt darin, dass wir eigentlich klug genug sind zu wissen, *was* wir tun *sollten*. Es dann aber wirklich zu tun, das ist die Herausforderung.

Selbstdisziplin: Bleiben Sie am Ball!

Forscher vergleichen die Selbstbeherrschung gerne mit einem Muskel, den man stärken und trainieren, aber auch überstrapazieren kann. Mehrere Studien legen nahe, dass wir ein gewisses Maß an täglicher Selbstdisziplin auf Arbeit, Studium, Sport, Ernährung und auf andere Lebensbereiche verteilen. Beispiel: Sie haben sich kürzlich abgewöhnt, Kaffee zu trinken und müssen wohl gerade ein gehöriges Maß Selbstdisziplin aufbringen, um sich koffeinfrei zu halten, was es erschweren kann, auch in anderen Bereichen wie etwa der Ernährung Disziplin zu üben. Das bedeutet, wir bleiben dort am Ball, wo es uns selbst wichtig ist.

TIPPS FÜR EINE BESSERE SELBSTDISZIPLIN

Trainieren Sie Ihre Motivation!

Selbstdisziplin aufzubringen und »Nein« zum süßen Dessert zu sagen, fällt sehr viel leichter, wenn wir hochmotiviert sind abzunehmen. Doch meist fehlt es uns an Motivation, ein Vorhaben durchzuziehen, und das bedeutet, dass wir zunächst unsere Selbstdisziplin stärken müssen, die wir mit zunehmender Motivation (von »Ich will in dieser Prüfung gut abschneiden« hin zu »Ich bin topmotiviert, einen guten Notenschnitt zu erreichen, um meine Berufschancen zu verbessern«) immer weniger brauchen.

Verbannen Sie Versuchungen und Ablenkungen!

Einer Versuchung widerstehen zu wollen, sei es dem Verlangen nach ungesundem Essen, dem Fernseher, dem süßen Nichtstun, dem kleinen Nickerchen oder Facebook & Co., schwächt die Selbstdisziplin.

Betrachten wir hierzu eine Studie, durchgeführt von Ron Baumeister an der Florida State University und veröffentlicht im renommierten Fachblatt *Personality and Social Psychology Bulletin*. Die 67 Probanden wurden einzeln in einen Versuchsraum geführt, wo jeweils zwei Schalen mit Essen standen: In der einen waren ofenfrische Schoko-Kekse und andere Süßigkeiten; in der anderen waren Radieschen. Rund der Hälfte der Probanden war es gestattet, sich aus der Schale mit den Keksen zu bedienen, für die andere Hälfte der Probanden war die Keks-Schale tabu, dafür aber durften sie so viele Radieschen essen, wie sie wollten. Letztere Gruppe musste also enorme Selbstdisziplin aufbieten, um der »süßen« Versuchung nicht nachzugeben. Jeder einzelne der Probanden hat dies geschafft. Anschließend wurden die Probanden in einen anderen Raum geführt, wo sie dreißig Minuten lang Zeit hatten, eine schwierige Aufgabe zu lösen. Tatsächlich war die Aufgabe unlösbar, aber das wussten die Probanden nicht. Die »Keksesser« versuchten sich im Schnitt 19 Minuten lang an der Aufgabe, bevor einer nach dem anderen aufgab. Die »Radieschenesser«, die zuvor ihr Verlangen nach den Plätzchen mit disziplinierter Willenskraft unterdrücken mussten, gaben im Schnitt bereits nach acht Minuten auf, hielten also nicht einmal halb so lang durch.

Die Moral von der Geschichte: Wer sich vornimmt, sämtlichen Versuchungen und Ablenkungen zu widerstehen, der erreicht das genaue Gegenteil und kneift erst recht vor schwierigen Aufgaben. Das heißt, da ein erfolgreiches Studium sehr viel Selbstdisziplin erfordert, sollten Sie Versuchungen und Ablenkungen aus Ihrer Umgebung möglichst verbannen. Legen Sie keine Schokolade auf den Küchentisch, die Sie jedes Mal anlacht, wenn Sie daran vorbeikommen. Lernen Sie nicht vor dem Fernseher, der jedes Mal, wenn Sie den Blick vom Buch heben, nur darauf wartet, dass Sie ihn anstellen. Und wenn Sie sich dabei ertappen, dass Sie mit einem Auge ständig auf Ihr Handy schielen, legen Sie es weg! Sinnvoller ist es, sich vor der Lernsitzung mit einer kleinen »süßen Sünde« oder einem kurzen Faulenzer-Moment zu verwöhnen, damit derartige Bedürfnisse fürs erste gestillt sind (oder belohnen Sie sich nach der Lernsitzung damit).

Essen Sie regelmäßig, um Unterzuckerungen zu vermeiden

Auch ein niedriger Blutzuckerspiegel zehrt an der Selbstdisziplin, wie etliche Studien ergaben. In einer Studie bekamen die Probanden Limonade gereicht, bevor Sie Aufgaben lösen mussten, die ihre Fähigkeit zur Selbstbeherrschung forderten. Die eine Hälfte der Probanden bekam zuckerhaltige Limonade, die den Blutzuckerspiegel nach oben treibt. Die andere Hälfte bekam Limonade mit Süßstoff, der den Blutzuckerspiegel nicht beeinflusst. Die Studie zeigte, dass diejenigen Probanden mit der zuckerhaltigen Limonade bei den anschließenden Aufgaben eine bessere Selbstdisziplin an den Tag legten.

Also: Für den kleinen Hunger zwischendurch nehmen Sie etwas Obst, ein paar Nüsse oder Cracker zu sich, und essen Sie sich zu den Hauptmahlzeiten ordentlich satt, um Blutzuckerspiegel und Selbstdisziplin hochzuhalten.

DER MENSCH IST EIN GEWOHNHEITSTIER

Bilden Sie Gewohnheiten aus!

Wer morgens regelmäßig Frühsport treibt, muss dafür weniger Selbstdisziplin aufbringen als jemand der morgens nur selten trainiert. Zu guten Gewohnheiten müssen wir uns nicht groß treiben. Dinge, die uns zur Gewohnheit geworden sind, fallen uns nicht mehr schwer – so wie Zähneputzen vor dem Schlafengehen, eine kleine Routine, die sich so eingeschliffen hat, dass wir kaum mehr darüber nachdenken.

Warum aber stärkt es die Selbstdisziplin, wenn wir uns Gewohnheiten zulegen und diesen regelmäßig nachgehen? Nun, je selbstverständlicher uns eine Aktivität wird, desto weniger Entscheidungskraft benötigt sie, die uns wiederum Selbstdisziplin kostet. Oder anders gesagt: Selbstdisziplin funktioniert am besten, wenn wir sie nicht beanspruchen müssen. Im Rahmen einer Studie wurden Probanden in drei Gruppen eingeteilt und gebeten, sich im Internet zum Kauf eines Laptops inspirieren zu lassen und sich dabei auch durch alle Details wie Prozessor, Speichereinheit und Bildschirmeigenschaften zu klicken. Die Kauflust war geweckt, doch nur eine der drei Gruppen durfte am Ende eine Kaufentscheidung treffen, die anderen beiden nicht. Im Anschluss daran bekamen die Probanden eine schwierige Aufgabe vorgelegt, die ihre Fähigkeit zur Selbstbeherrschung forderte. Die Probanden der Gruppe, die eine Kaufentscheidung treffen durfte, gab sehr viel schneller auf als die Probanden der anderen beiden Gruppen.

Im nächsten Kapitel werden wir uns eingehender mit der Macht der Gewohnheiten befassen.

Nicht ablenken lassen!

Wie wir soeben gesehen haben, klappt es mit der Selbstdisziplin am besten, wenn wir uns von anderen Dingen, die wir vielleicht lieber tun als Lernen, gar nicht erst locken lassen. Eine der bekanntesten Geschichten hierzu ist die von Odysseus, der an der Insel der Sirenen vorbeisegeln und dem lockenden Gesang der Nymphen entkommen musste. Odysseus wusste, dass es tödlich enden würde, sollte er dem Gesang der Sirenen nicht widerstehen, und ließ sich deshalb an den Mast seines Schiffes binden. So konnte er den Gesang der Sirenen zwar vernehmen, blieb aber festgebunden und überlebte.

Nun verlangt niemand, dass Sie sich am Schreibtisch festbinden, aber überlegen Sie, welche Ablenkungen Sie aus Ihrem Alltag verbannen können und ergreifen Sie entsprechende Maßnahmen. Beispiel: Damit Sie morgens auch garantiert aus den Federn kommen, laden Sie eine Wecker-App auf Ihr Handy, die nicht aufhört zu klingeln, bevor Sie sich nicht zwanzig Meter aus dem Bett bewegt und eine Mathe-Aufgabe auf dem Handy gelöst haben.

KURZ UND KNAPP

SELBSTDISZIPLIN

- Studenten mit guter Selbstdisziplin erbringen bessere Leistungen als Studenten ohne.
- Wir verteilen ein gewisses Maß an täglicher Selbstdisziplin auf Arbeit, Studium, Sport, Ernährung und auf andere Lebensbereiche.
- Tipps für eine bessere Selbstdisziplin
  1. Allgemeine Motivation stärken
  3. Regelmäßig essen
  4. Gewohnheiten ausbilden
  5. Ablenkungen aus dem Alltag verbannen und entsprechende Maßnahmen ergreifen

GEWOHNHEITEN – GEWÖHNEN SIE SICH AN DEN ERFOLG!

»Menschen, die extrem leistungsstark sind, sind sich stets kleiner Details bewusst. Sie haben gute Gewohnheiten ausgebildet, wo viele Menschen schlechte Gewohnheiten haben, und treffen in den kleinen Dingen des Alltags die richtigen Entscheidungen. Das liegt nicht etwa daran, dass diese Menschen eine besondere Begabung oder einfach ein Händchen für die richtigen Entscheidungen hätten. Der Effekt aus guten Gewohnheiten und Entscheidungen mag sich nicht gleich am ersten Tag bemerkbar machen, doch er summiert sich mit der Zeit, mit den Tagen, Monaten oder Jahren, und entfaltet eine gigantische Wirkung. Und da es nicht um angeborene Begabungen geht, hat jeder Mensch die Möglichkeit, diese innere Stärke in sich selbst zu entdecken. Auch Sie!«

Erik Bertrand Larssen

Solange Ihr Studium keine allzu große Herausforderung darstellt und Sie auch genug Zeit zum Lernen haben, kommen Sie wohl auch ganz gut ohne gute Gewohnheiten aus. Beispiele von Studenten, die trotz schlechter Lernleistungen, wenig Schlaf, ungesundem Essen und kaum Bewegung einen guten Abschluss hinbekommen haben, gibt es zur Genüge. Doch wenn die Aufgaben schwieriger werden und das Leben anstrengender, werden gute Gewohnheiten zunehmend wichtiger. Um den bestmöglichen Erfolg zu haben, müssen Sie im täglichen Leben die richtigen Entscheidungen treffen. Beispiel: Planen Sie sich für jeden Tag eine feste Lernzeit ein, zum Beispiel von vier Uhr nachmittags bis sieben Uhr abends. Oder bereiten Sie sich regelmäßig eine Stunde lang am Abend auf den Unterricht am nächsten Tag vor. Gute Gewohnheiten sorgen überdies für bessere Schlaf-, Ernährungs- und Bewegungsgewohnheiten.

Leider entwickeln sich gute Gewohnheiten nicht über Nacht. Sie bauen sich langsam auf, und genau darin liegt die größte Herausforderung. Gute Gewohnheiten aufzubauen, kostet Kraft und Mühe, denn Sie begeben sich quasi in absolutes Neuland. Wie ist es, sich an neue Speisen und Getränke zu gewöhnen? Einige Gemüsesorten, Salate und auch Kaffee schmecken anfangs höchstwahrscheinlich ja auch richtig scheußlich, mit der Zeit aber dann doch ganz gut. Ähnlich verhält es sich mit anderen »schlechten« Gewohnheiten, die wir gegen »gute« ersetzen können: So ist es mit der Zeit gar nicht mehr so schlimm, sich gleich nach dem letzten Unterricht noch einmal hinzusetzen und den Stoff nachzubereiten, oder das Handy auszuschalten, um mehrere Stunden ungestört lernen zu können. Bitter ist es nur am Anfang, wenn man noch nicht daran gewöhnt ist.

Gute Gewohnheiten kann man lernen!

Studien haben gezeigt, dass es durchschnittlich zwei Monate dauert, um eine neue Gewohnheit auszubilden. Bis es allerdings soweit ist, ist enorm viel Selbstdisziplin gefragt. Das Geheimnis liegt darin, *klein* anzufangen. Sich zu viele gute Gewohnheiten gleichzeitig aneignen zu wollen, ist keine gute Idee. Wie gesagt, wir haben nur ein gewisses Maß an Selbstdisziplin zu verteilen. Beginnen Sie mit nur *einer* Gewohnheit, maximal zwei. Später können mehr dazukommen.

Überfordern Sie sich nicht gleich. Beispiel: Wenn Sie anfangen möchten, vor dem Einschlafen nicht mehr vor dem Fernseher zu hängen, sondern stattdessen ein Buch zu lesen, dann fangen Sie langsam damit an, zuerst mit einem Tag die Woche, dann mit zwei und so weiter; Sie sollen ja nicht auf Entzug kommen und Ihre nächtlichen Fernsehsitzungen abrupt beenden. Darüber hinaus können Sie den Belohnungstrick anwenden (siehe im Kapitel über Motivation). Das Gute ist: Umso öfter man etwas tut, umso schneller gewöhnt man sich daran. Irgendwann denken Sie gar nicht mehr darüber nach und haben den Kopf frei für andere wichtige Dinge.

KURZ UND KNAPP

GUTE GEWOHNHEITEN – ERFOLG KANN MAN LERNEN!

- Gute Gewohnheiten machen aus einem guten Studenten einen Überflieger. Um neue Gewohnheiten dauerhaft aufzubauen, müssen wir etwa zwei Monate lang am Ball bleiben.
- Da neue Gewohnheiten ein gehöriges Maß an Selbstdisziplin erfordern, ein knappes Gut, sollten Sie nicht zu viele Gewohnheiten gleichzeitig ausbilden. Gleichwohl sollten Sie alte »schlechte« Gewohnheiten nicht von heute auf morgen über Bord werfen. Machen Sie langsam!

TEIL 3 IM ÜBERBLICK

Motivation ist das A und O. Sie braucht

1. Sinn und Zweck
2. klare Ziele
3. das Gefühl der Meisterung
4. Belohnungen
5. das Messen mit anderen

- Übernehmen Sie Eigenverantwortung für Ihre Leistungen. Jammern Sie nicht, wenn's mal schwierig wird; seien Sie vielmehr kreativ, und finden Sie neue Wege, um schwierige Situationen zu bewältigen.
- Ziele geben Ansporn und Motivation. Schreiben Sie Ihre Ziele auf, und hängen Sie diese Liste irgendwo gut sichtbar auf.
- Setzen Sie sich **SMART**e Ziele: **S**pezifische, **M**essbare, **A**mbitionierte, **R**ealistische, **T**erminierte
- Glauben Sie an sich selbst! Um Erfolg zu haben, müssen wir zuallererst daran glauben, dass wir diesen Erfolg auch haben *können*, dass wir die Stärke haben, alles umsetzen und schaffen zu *können*.
- Denken Sie positiv! Rechnen Sie mit Niederlagen, aber halten Sie sich damit nicht auf.
- Ein bisschen Stress ist gut, gibt zusätzliche Energie und erhöht die Leistungskraft.
- Um negativen Stress zu reduzieren, packen Sie ihn an seiner Wurzel, und fahren Sie Ihr Arbeitspensum zurück. Versuchen Sie, mehr Zeit für sich zu gewinnen oder effektiver zu arbeiten. Entspannen Sie sich. Atmen Sie aus dem Bauch heraus, und nutzen Sie Entspannungstechniken wie Meditation, Tiefenatmung oder kleine Nickerchen.

- Studenten mit guter Selbstdisziplin erbringen bessere Leistungen als Studenten ohne. Selbstdisziplin kann verbessert werden. Tipps für eine bessere Selbstdisziplin:
  1. Allgemeine Motivation stärken
  3. Regelmäßig essen
  4. Gewohnheiten ausbilden
  5. Ablenkungen aus dem Alltag verbannen und entsprechende Maßnahmen ergreifen
- Gute Gewohnheiten machen aus einem guten Studenten einen Überflieger. Um neue Gewohnheiten dauerhaft aufzubauen, müssen wir etwa zwei Monate lang am Ball bleiben. Da neue Gewohnheiten ein gehöriges Maß an Selbstdisziplin erfordern, ein knappes Gut, sollten Sie nicht zu viele Gewohnheiten gleichzeitig ausbilden. Gleichwohl sollten Sie alte »schlechte« Gewohnheiten nicht von heute auf morgen über Bord werfen. Machen Sie langsam!

VIEL GLÜCK!

Dieses Buch enthält alles, was nach meiner Überzeugung zu Lernerfolgen und besseren Noten beiträgt. Effektiv lernen, optimale Lernerfolge erzielen und die richtige Einstellung haben, sind für mich die drei wichtigsten Eckpunkte überhaupt. Aus eigener Erfahrung weiß ich, dass unterschiedliche Fächer unterschiedliche Angriffswinkel erfordern sowie unterschiedliche Techniken, um maximale Erfolge zu erzielen. Im Unterschied zu anderen, die für sich in Anspruch nehmen, bestimmte Techniken (wie Loci-Technik oder Mindmapping) würden garantiert immer zu Erfolgen führen, ging es mir vielmehr darum, Ihnen eine Werkzeugkiste mit nützlichen Techniken an die Hand zu geben und Ihre Stärken und Schwächen mit Ihnen zu teilen. Nun liegt es ganz bei Ihnen, welche Technik Sie in welcher Situation für sich nutzen wollen. Einige der angeführten Techniken können ad hoc und ohne große Mühe umgesetzt werden, wie zum Beispiel Skripts erstellen oder Ziele fixieren. Andere Techniken wiederum, wie zum Beispiel *Speed-Reading,* brauchen mitunter mehrere Monate Zeit, bis sie beherrscht und angewendet werden können. Gute Gewohnheiten zu entwickeln, braucht ebenfalls Zeit. Sie ganz allein bestimmen, wieviel Zeit Sie in welchen Prozess investieren können und wollen.

Auf alle Fälle will ich Sie ermutigen, die hier vorgestellten Techniken auszuprobieren und Ihren persönlichen Bedürfnissen, Zielen und Umständen anzupassen. Eine Studie zur Verbesserung der Lernleistungen mit 5000 Teilnehmern hat gezeigt, dass diejenigen, die Ratschläge und Techniken nicht nur blind übernommen, sondern auf ihre persönliche Situation, Stärken und Schwächen angepasst haben, am Ende erfolgreicher waren als die Vergleichsgruppe.

Und denken Sie daran: Wir vergessen mit der Zeit. Damit das nicht passiert, blättern Sie zur Auffrischung immer mal wieder durch dieses Buch. Der kleine Kasten »Kurz und knapp« am Ende eines jeden Kapitels, der eine Zusammenfassung der wichtigsten Punkte bietet, hilft Ihnen, gesuchte Informationen schnell und leicht zu finden.

Ganz wichtig: Sie können mehr tun als Sie denken, um Ihre Leistungen zu verbessern und Ihre Zukunft erfolgreich zu gestalten! Alles, was Sie dafür brauchen, tragen Sie in sich selbst. Sie müssen es nur hervorkehren!

Alles Gute!

REFERENZEN

Allen, David. 2001. Getting Things Done: The Art of Stress-Free Productivity. London, England: Penguin Books.

Altman, Rick. (2012). Why Most PowerPoint Presentations Suck ... and how you can make them better. Rick Altman.

Asbjørnsen, Dag and Arnt Maasø. 2009. Bachelor book: survival guide for students (Bachelorboka: overlevelsesguide for studenter). 1st edition Oslo: Universitetsforlaget.

Barrass, Robert. 2002. Study!: A Guide to Effective Learning, Revision and Examination Techniques. 2nd edition London, England: Routledge.

Baumeister, et al. (1998). Ego depletion: Is the active self a limited resource? Journal of Personality and Social Psychology, 74(5), 1252–1265.

Baumeister, Roy F, and John Tierney. (2011). Willpower. New York: Penguin Press.

Beale, Abby Marks and Pam Mullan. 2008. The Complete Idiot's Guide to Speed Reading. Alpha Books.

By, Oddbjørn. (2011) Memo: The Easiest Way to Improve Your Memory. Australia. Lunchroom Publishing.

Chandler, Steve. 2004. 100 Ways to Motivate Yourself: Change Your Life Forever. Revised edition. Franklin Lakes, NJ, USA: The Career Press, Inc.

Creer, et. Al. (2010). Running enhances spatial pattern separation in mice. Proceedings of the National Academy of Sciences of the United States of America.

Davies, Jason A. 2008. 6 Days To Better Grades: Powerful Study Advice For All College Students. CreateSpace Publishing.

Deci, Edward L. and Richard Flaste. 1996. Why We Do What We Do: Understanding Self-Motivation. Penguin Books.

Fiore, Neil. 2007. Awaken Your Strongest Self. McGraw-Hill.

Frank, Stanley. 2003. The Evelyn Wood Seven-Day Speed Reading and Learning Program. Fall River Press.

Fry, Ron. 2005. How to Study. 6th edition Delmar Cengage Learning.

Galloway, Ron. (2011). Rethinking PowerPoint: Designing & Delivering Presentations That Engage The Mind. Method Content LLC.

Greenberg, Michael. 2009. Painless Study Techniques (Barron's Painless). Hauppauge, NY, USA: Barron's Educational Series, Inc.

Hatlem, Ragnar. 1997. How to get better grades (Hvordan få bedre karakterer). 2nd edition Hatlem Studiekonsult.

Hatlem, Ragnar. 2010. Effective learning (Effektiv læring). 5th edition Isis forlag.
Higbee, Kenneth L. 2001. Your Memory: How It Works and How to Improve It. 2nd edition Da Capo Press.
Kern, Harris. 2003. Discipline: Training the Mind to manage your Life. AuthorHouse.
Krog, Annie (translator). 2011. Think yourself smart: (Tenk deg smart:) 50 tips & exercises (50 tips & øvelser). Horten: Publicom.
Kump, Peter. 1998. Breakthrough Rapid Reading. Prentice Hall Press.
Larssen, Erik Bertrand. 2012. Be best with mental training (Bli best med mental trening). 1st edition Oslo: Stenersens forlag.
Lorayne, Harry and Jerry Lucas. 1996. The Memory Book: The Classic Guide to Improving Your Memory at Work, at School, and at Play. New York, NY, USA: Ballantine Books.
Lyubomirsky, et Al. (2005). The Benefits of Frequent Positive Affect: Does Happiness Lead to Success? Psychological Bulletin 2005, Vol. 131, No. 6, 803–855.
Martinsen, E W. 2000. Physical activity for the mind's health (Fysisk aktivitet for sinnets helse http://tidsskriftet.no/article/198276/)
Myers, David G. Psychology Seventh Edition in Modules. 2004. New York, NY, USA: Worth Publishers.
Newport, Cal. 2006. How to Become a Straight-A Student: The Unconventional Strategies Real College Students Use to Score High While Studying Less. New York, NY. Broadway Books.
O'Brien, Lina. 1999. How To Get Good Grades In Ten Easy Steps. Woodburn Press.
Ordóñez, Lisa D., et al. (2008). Goals Gone Wild: The Systematic Side Effects of Over-Prescribing Goal Setting. Working Paper. Harvard Business School.
Palladino, Lucy Jo. 2011. Find Your Focus Zone: An Effective New Plan to Defeat Distraction and Overload. Atria Books.
Patterson, et al. (2011). Change Anything: The New Science of Personal Success. Business Plus.
Randel, Jim. 2010. The Skinny on Creativity: Thinking Outside the Box.Westport, CT, USA: Rand Media Co. Randel, Jim. 2010. The Skinny on Success: Why not you?.Westport, CT, USA: Rand Media Co.
Randel, Jim. 2010. The Skinny on Time Management: How to Maximize Your 24-Hour Gift.Westport, CT, USA: Rand Media Co.
Randel, Jim. 2010. The Skinny on Willpower: How to Develop Self Discipline. Westport, CT, USA: Rand Media Co.
Ringom, Bjørn. 1998. Learn to learn (Lær å lære). 1st edition Lyngør: Ringom-Instituttet AS.

Robinson, Adam. 1993. What Smart Students Know: Maximum Grades. Optimum Learning. Minimum Time. New York, NY: Three Rivers Press.

Rognsaa, Aage. 2004. The art of writing well (Kunsten å skrive godt). 2nd edition Oslo: Universitetsforlaget.

Sample, Ian. (2010). Start running and watch your brain grow, say scientists. The Guardian 18.01.2010.

Society for Research in Child Development (2012). Motivation, Study Habits — Not IQ—Determine Growth in Math Achievement. Press release.

Sterner, Thomas M. 2005. The Practicing Mind: Bringing Discipline and Focus Into Your Life. Wilmington, Delaware, USA: Mountain Sage Publishing.

Townsel, Kim Holdbrooks.2009. School Skills 101: Get Better Grades, Save Time, And Reduce Stress.4th edition CreateSpace Independent Publishing Platform.

Ugland, Ellen. 1996. To succeed with oral exams (Å lykkes med muntlig eksamen). 2nd edition NKS-forlaget

Wilhelmsen, Lars Skjold and Terje Manger. 2005. Effective learning (Effektiv læring). A booklet at the start of studies for all new students (Et hefte ved studiestart for alle nye studenter). Bergen: Fagbokforlaget.

Wormnes, Bjørn and Terje Manger. 2005. Motivation and mastering: ways to effective use of own resources (Motivasjon og mestring: veier til effektiv bruk av egne ressurser). 1st edition Bergen: Fagbokforlaget